Bekehrung unterm Galgen
Malefikantenberichte

Edition Pietismustexte (EPT)

Im Auftrag der Historischen Kommission zur Erforschung des Pietismus herausgegeben von Hans-Jürgen Schrader, Günter Balders, Dieter Ising und Christof Windhorst

Band 3

Die „Edition Pietismustexte" ist die neue Folge der Serie „Kleine Texte des Pietismus".

Bekehrung unterm Galgen
Malefikantenberichte

Herausgegeben von Manfred Jakubowski-Tiessen

EVANGELISCHE VERLAGSANSTALT
Leipzig

Verantwortlicher Redakteur des Bandes:
Hans-Jürgen Schrader

Die Deutsche Bibliothek verzeichnet diese Publikation in der
Deutschen Nationalbibliographie; detaillierte bibliographische
Daten sind im Internet über http://dnb.ddb.de abrufbar

© 2011 by Evangelische Verlagsanstalt GmbH · Leipzig
Printed in Germany · H 7453

Das Buch wurde auf alterungsbeständigem Papier gedruckt.

Umschlag und Innenlayout: behnelux gestaltung, Halle

Gesamtherstellung: Druckerei Böhlau, Leipzig

ISBN 978-3-374-02855-9
www.eva-leipzig.de

Wer hier geliefert wird von wegen böser Sachen;
Mit Dem, Ran, Feuer, Schwerdt, Strang, Rad den Garauß machen.
Ach Gott! behüte doch ein jedes Mutter Kind,
Daß es sein Ende nicht an solchem Orthe find.

Inhalt

Bekehrung und herrliches Ende
Christian Friederich Ritters,
eines ehemaligen zweyfachen Mörders,
Der den 18. Sept. 1738[1].
zu Dargun in Mecklenburg[2]
von unten auf gerädert[3] worden;
Zum Preise der herrlichen Gnade Gottes
in Christo, und
zur Erweckung anderer,
auf Verlangen dem Druck überlassen,
von denen, so alles selbst mit angesehen
und gehöret.
Magdeburg,
druckts und verlegts Christ. Leber. Faber,[4] 1739.*

---

*   Der Bericht ist enthalten in dem Sammelband „Der Schächer am Kreutz.
Das ist, Vollständige Nachrichten von der Bekehrung und seligem Ende
hingerichteter Missethäter", Bd. 1, 7. Stück, Exempel 11, hrsg. von Ernst
Gottlieb Woltersdorf: Budißin (Bautzen) und Görlitz ²1761 (1. Aufl. 1753).
Ebenfalls veröffentlicht in: Selige Letzte Stunden Einiger dem zeitlichen
Tode übergebener Missethäter, Mit einer Vorrede [von Johann Jacob Mo-
ser], 1. Aufl. [Ebersdorf] 1740, 2. Aufl. Jena, Bey Christian Franciscus
Buch, 1742, 3. Exempel, S.46–84. Neu gedruckt wurde der Text von 1739
im Verlag Borchert, Dargun 1872.

1   Der 18. September 1738 war ein Donnerstag. Die Hinrichtung fand also
nicht – wie damals üblich – an einem Freitag statt.

2   Im Amt Dargun in Mecklenburg bildete sich zu Beginn des 18. Jahrhunderts durch die Initiative der Prinzessin Augusta von Mecklenburg-
Güstrow ein Zentrum des hallischen Pietismus mit Predigern aus Halle
und Wernigerode. Vgl. Erhard Peschke: Der Pietismus in Dargun, in: Pietismus und Neuzeit 1 (1974), S. 82–99.

3   *von unten auf gerädert:* Beim Rädern „von unten herauf" handelte es sich
um eine der schmerzhaftesten Hinrichtungsarten des Mittelalters und der
Frühen Neuzeit, die nur bei besonders schweren Verbrechen zum Einsatz
kam. Dem Delinquenten wurden – nachdem man ihn mit Pflöcken an den
Erdboden gefesselt hatte – mit einem Wagenrad die Knochen gebrochen
(beginnend mit den Unterschenkeln, dann Richtung Kopf). Im Gegensatz
dazu war das Rädern „von oben herab" die weniger schmerzhafte Va-
riante, da der Todeskandidat oftmals bereits nach dem ersten Stoß auf den
Schädel oder das Genick starb. Anschließend wurde der Tote oftmals – wie
auch in diesem Fall – noch auf ein Rad geflochten, zur Schau gestellt und
sein Körper den aasfressenden Vögeln überlassen. Hintergrund des Letz-
teren war wohl ursprünglich, den Verbrecher noch über den Tod hinaus
zu strafen, da das Ausbleiben einer ordnungsgemäßen Bestattung nach
damaliger Vorstellung den Übergang ins ewige Leben behinderte. Mitte
des 18. Jahrhunderts scheint diese Vorstellung verblasst zu sein; denn

Jesus ist ein Sünderfreund.[5] Denn er ist der Sünder Heyland. Ein solcher war er vom Anfang. Als einen solchen hat er sich sonderlich in den Tagen seines Fleisches[6] geoffenbaret. Was er gewesen, ist er auch noch. Sein Herz ist unveränderlich.

Sünder, die in rechter Ordnung zu ihm kommen, stößet er nicht hinaus. Was ist ihm angenehmer, als ein bußfertiger Sünder? Es haben ihm solches sogar seine Feinde[7] abgemerket, und manchem betrübten Sünder zum Trost nachgesaget: Luc. 15,2. Dieser nimmt die Sünder an, und isset mit ihnen! Unter vielen andern hat er auch Christian Friederich Rit-[**544**]tern als einen großen Sünder, angenommen. Er war ungefähr 20 Jahr alt, und in oder bey Greiffenhagen, ohnweit Stettin, gebohren.[8] Dieses letztere bekannte er bey seiner Erweckung außer dem Protocoll. Denn anfänglich gab er sich vor Gerichte für einen Schusters Sohn von Stettin aus. Er ist, seinem eigenen Geständniß nach, von Jugend an ein sehr böses Kind gewesen. In die Schule mag er wol sparsam gegangen seyn. Denn er hatte nicht viel mehr als die Buchstaben kennen gelernet. Seiner Eltern Zucht hat er sich jederzeit boshaftig widersetzet. Wenn ihm seine Mutter zuchtigen wollen, ist er ihr entlauffen,

---

    dem bekehrten Christian Friedrich Ritter sollte sicher kein Abbruch an seiner ewigen Seligkeit getan werden. Zum Rädern siehe Richard J. Evans: Rituale der Vergeltung. Die Todesstrafe in der deutschen Geschichte von 1532–1987, Berlin 2001, S. 61 f., sowie Jürgen Martschukat, Inszeniertes Töten. Eine Geschichte der Todesstrafe vom 17. bis 19. Jahrhundert, Köln 2000, S. 25 f.

4   Christian Leberecht Faber (1683–1751). Vgl. Alexander Faber: Die Faber'sche Buchdruckerei. Eine Skizze, Magdeburg 1897.

5   Lk 15,2.

6   *den Tagen seines Fleisches:* in der Zeit seines Menschseins.

7   Mit den Feinden sind die in Lk 15,2 erwähnten Pharisäer und Schriftgelehrten gemeint.

8   Greifenhagen (heute: Gryfino) liegt ca. 15 km südlich von Stettin (Szczecin) in Vorpommern. Mit dem Stockholmer Frieden von 1720 fiel Greifenhagen, das bisher zu Schwedisch-Pommern gehörte, an Brandenburg-Preußen.

so daß sie ihn mit Schmerzen suchen müssen. Ist etwas gottloses in der Stadt verübet worden, so ist er gewiß entweder der Urheber, oder doch nicht weit davon gewesen. Auch die natürliche Liebe gegen seine Eltern war fast in ihm verloschen. Denn als er einsmals seiner Mutter entlaufen, und sie ihn gesucht, hat er sich in einen Busch versteckt und die suchende Mutter bey sich vorbey gehen lassen. Diese ist bald darauf gefallen, und hat einen Arm zerbrochen. Solches hat er ohne geringste Empfindung ansehen können, und von seinem Orte nicht einmal hervor gehen mögen. †

† Den boshaften Ungehorsam gegen die Eltern folget der Fluch auf dem Fuße nach. Das sollte doch halsstarrige Kinder einmal scheu machen. Und was kann überhaupt anders heraus kommen, als ein häßlicher Unsegen, wenn man die schönen Jugendjahre so sündlich zubringet![9]

Sonst ist er zum Schusterhandwerk gehalten worden. Er mag es aber nicht viel gebraucht haben. **[545]** Vielmehr hat er sich bey anwachsenden Jahren offenbar unordentlichen und wüsten Lebensarten ergeben. Man siehet hieraus, welche eine Macht Sünde und Satan bereits in der Jugend über sein Herz bekommen. Die meisten Bosheiten bleiben hier noch unberühret. Vor seiner Bekehrung wollte er nichts davon sagen. In seiner Bekehrung macht es ihm Noth gnung, und er war in seinem Herzen darüber schmerzlich gebeuget. Man begehrte aber von ihm nicht mehr Specialia[10] zu wissen, als er freywillig ausgesaget. †

---

9   Die mit † gekennzeichneten Einschübe stammen vom Herausgeber des Sammelbandes Ernst Gottlieb Woltersdorf.
10   *Specialia:* Einzelheiten, Details.

† Das war vorsichtig und dem Evangelio gemäß gehandelt. Diejenigen, welche zu unsern Zeiten das Bekenntniß aller speciellen Sünden (vor Menschen) von rechtschaffenen Seelen verlangen, verrathen damit ziemlich deutlich ihren päbstischen Sinn.[11]

Bey anwachsenden Jahren ist er in verschiedener großer Herren Dienste, als Soldate, gegangen. Er hat sich allezeit dazu freywillig angegeben. Anfänglich hat er schwarzburgische,[12] hernach schwedische, zuletzt preußische Dienste genommen. Er ist aber jederzeit weggelaufen und meyneidig worden.[13] †

† Wer seinem Gott und Heyland untreu wird, den Eid der Taufe bricht, und in Satans Dienste überläuft: Was ists Wunder, daß er keinem Menschen treu bleibt?

Vor und nach seiner Desertion[14] aus Demmin[15] begab er sich unter die so genannten Zigeuner,[16] mag auch wohl anfänglich willens gewesen seyn, des Zigeuners Winterfelds Schwester zu heyrathen. Unter den offenbarten

---

11 Offenbar ein Seitenhieb auf die katholische Beichtpraxis.
12 Die seit dem 11. Jahrhundert im thüringischen Längwitzgau ansässigen Grafen von Schwarzburg bekleideten seit der Zeit Karls IV. das Erzstallmeisteramt und bis 1708 das Reichsjägeramt. Seit dem 15. Jahrhundert gliedert sich das Gebiet Schwarzburg auf die Unterherrschaft um Sondershausen und die Oberherrschaft am Thüringer Wald. Im späten 16. Jahrhundert entstehen die Hauptlinien Schwarzburg-Arnstadt und Schwarzburg-Sondershausen sowie Schwarzburg-Rudolstadt. 1697 bzw. 1710 wurden die Grafen in den jüngeren Reichtsfürstenstand erhoben und 1754 zum Reichsfürstenrat zugelassen. Vgl. Gerhard Köbler: Historisches Lexikon der deutschen Länder. Die deutsche Territorien und reichsunmittelbaren Geschlechter vom Mittelalter bis zur Gegenwart (6. Auflage), München 1999, S. 595.
13 *weggelaufen und meyneidig worden:* hat Fahnenflucht begangen.
14 *Desertion:* Fahnenflucht, vgl. oben.
15 *Demmin:* Demmin (ca. 10 km östlich von Dargun) war wie Stettin und Greifenhagen nach 1720 preußisch geworden.
16 Die Bezeichnung Zigeuner war in der Frühen Neuzeit negativ konnotiert. Vgl. Johann Heinrich Zedler: Grosses vollständiges Universallexikon, Bd. 62, Leipzig und Halle 1751, Sp. 520 ff.

Bosheiten, so er im Soldatenstande auslaufen lassen, erzehlete er mit Weh-**[546]**muth auch dieses. Er habe eine Frau, so ihn einstens etwas zu leide gethan, im Holze[17] angetroffen, solche erbärmlich geschlagen, ihr Hände und Füsse gebunden, und also liegen lassen. Sie sey aber doch noch von andern gerettet worden. Item[18], er habe einsmals einen kleinen Knaben von dem Orte, da seine Eltern[19] gewohnet, heimlich weggenommen und mit sich nach Berlin geführet. Da er nun selbst nichts mehr zu leben gehabt, habe er das Kind von sich gehen lassen. Dieses hat nun nicht gewußt, woher es sey und wohin es sich wenden solle. Er meynte also selbst, daß es ihm wol schlecht möchte ergangen seyn. †

† Es ist in Warheit kein Diebstahl so schändlich und verflucht, als die Menschendieberey, 2. Mos. 21,16.[20] 5. Mos. 24,7.[21] Und doch wird sie auf so vielerley Weise begangen. Es wirds aber einer rächen, der die Menschen mit seinem Blute erkaufet hat.[22]

Einmal ist er mit einem andern Diebesgesellen an einem gewissen Orte eingebrochen, und hat 50 Thl.[23] gestohlen. Er bekannte auch, daß er schon vorher, ehe er den letzten Mord begangen, gar oft eine solche Begierde zum Morden in sich gemerket, daß er, wenn er bisweilen einen Menschen angesehen, denselben gern entleibet hätte. Aus dem allen kann man urtheilen, wie weit die Bosheit in ihm heran gewachsen. †

---

17 *Holze:* Wald.
18 *Item:* außerdem, des Weiteren.
19 Gemeint sind wohl die Eltern des Knaben.
20 „Wer einen Menschen stiehlt, es sei, daß er ihn verkauft oder daß man ihn bei ihm findet, der soll des Todes sterben." Alle Bibelzitate nach der Lutherbibel, revidierter Text 1912.
21 „Wenn jemand gefunden wird, der aus seinen Brüdern, aus den Kindern Israel, eine Seele stiehlt und versetzt oder verkauft sie: solcher Dieb soll sterben, daß du das Böse von dir tust."
22 *mit seinem Blut erkauft hat:* vgl. Offb 5,9.
23 *50 Thl.:* 50 Thaler.

† Ist es möglich, daß ein Mensch dem Satan so ähnlich werden kann, daß er vor Mordbegierde brennet, und nach Menschenblut dürstet? Leider hat man solche satanische Bestien schon öfter gefunden. Soweit sind wir vom Bilde Gottes[24] herunter gefallen.

Endlich gerieth er wirklich in die Hände der welt-[547]lichen Obrigkeit. Und solches ließ der treue Heyland zur Errettung seiner Seelen gereichen. Er erfuhr vor seiner Desertion in Demmin, daß ein alter Bauer, Christian Wegener, zu Zarnickow,[25] ohnweit Dargun, etwas Geld hätte. Die Geldbegierde trieb ihn, demselben bald nach seiner Desertion das Geld zu rauben, und zu dem Ende Mann und Frau zu ermorden. Er kam an einem Abend spät zu dem alten Bauer, welcher mit seiner Frauen allein im Hause war, und bat, daß er ihm den Weg nach Dargun zeigen möchte. Als der Bauer nur hinter das Dorf mit ihm gewesen, hauet er ihn von hinten zu mit seinem Soldatendegen über das Haupt. Der Bauer ist darauf nicht gleich todt geblieben, sondern hat gräulich angefangen zu fluchen. (Gewiß ein schlechter Übergang in die Ewigkeit.)[26] †

† Siehe, Leser, was es für eine gefährliche Sache ist, die Bekehrung bis ans Ende aufzuschieben. So stark kann dich der Arge[27] fesseln, daß du mitten im Tode noch sündigest, und unter einem Sturmwind der Sünden in die Ewigkeit übersegelst.[28] Wem stehen aber nicht die Haare dabey zu Berge?

---

24 *Bilde Gottes:* vgl. Gen 1,27; 5,1; Jak 3,9.
25 *Zarnickow:* Der Ort heißt heute Zarnekow und liegt etwa 3 km östlich von Dargun.
26 Da Fluchen als eine Sünde gilt, wird es als besonders schändlich angesichts des Todes angesehen. Vgl. auch die Anmerkung des Herausgebers.
27 *der Arge:* Synonym für den Teufel, vgl. Nah 2,1 („Denn es wird der Arge nicht mehr über dich kommen; er ist ganz ausgerottet.")
28 Hier handelt es sich offenbar um eine Anspielung auf die griechisch-mythologische Überfahrt in den Hades über den Fluss Styx.

Ritter fähret mit hauen fort, und zerhacket ihm Haupt und Hals erbärmlich, bis er seinen Geist aufgegeben. Diesen Entleibten lässet er liegen, und gehet wieder zurück in das Haus zu desselben Frau, welche bey seiner Ankunft ganz bekümmert fragte: Wo denn ihr Mann bliebe? Er antwortet: Es wären noch mehr Preussen[29] draussen gewesen, so nach Dargun gewollt, mit denen sey er fortgegangen, um ihnen den Weg dahin zu zeigen; er aber [548] wäre zurück gekehret, und käme nun, ihr so lange Gesellschaft zu leisten, bis er (ihr Mann) wieder zurück kommen würde. Die Frau setzet sich hierauf, wiewol voller Angst, nieder, und spinnet noch eine Zeitlang. Endlich stehet sie wieder auf, um nach ihrem Manne zu sehen, oder doch zu hören, ob er nicht komme. Und da überfällt er dieselbe auch, hauet ihr sogleich eine Hand ab, und zerfetzet sie mit andern vielen Hieben, sonderlich ins Haupt, daß sie in zwey Tagen darauf gestorben. Als er im Dorfe das Bellen der Hunde und die Wachsamkeit der Leute gemerket, trauet er sich nicht länger zu verweilen, und lässet die Frau halb todt liegen. Auf solche Art hat er von dem gesuchten Gelde ganz und gar nichts bekommen. Die bis auf den Tod verwundete Frau kriecht doch noch bis zum nächsten Nachbar, und machet ihren Unfall durch ihr klägliches Winseln kund. †

† Dieser unglückselige Spectakel zeiget augenscheinlich, was des Satans Freude sey, und wie der höllische Tyrann[30] seine getreuen Diener foltert. Was hatten nun diese Alten von ihrem Geitz?[31] Und was hatte der Mörder von seinem so mühsamen Todtschlag? Ach! wie gut ists doch, Christo dienen![32]

---

29   *Preussen:* Gemeint sind Soldaten in preußischen Diensten. Ritter war unmittelbar zuvor aus der preußischen Armee desertiert.

30   *der höllische Tyrann:* vgl. Gerhard Tersteegen, Geistliches Blumengärtlein, Zweites Büchlein Nr. 76, 12. Aufl., Frankfurt und Leipzig 1818, S. 198: „Es fürchtet solche Seelen selbst der höllische Tyrann." (Erstauflage 1729).

31   *Was hatten nun diese Alten von ihrem Geitz:* Geiz bedeutet hier noch „Gier nach Besitz", vgl. z. B. 1 Tim 6,10. Es bleibt jedoch unklar, warum dem

Sobald dem hochfürstl. Amte von dieser Mordthat Anzeige geschehen, begab es sich nach besagtem Orte,[33] um die gewöhnliche Besichtigung[34] vorzunehmen. Hierauf machte man sofort Anstalt, dem Thäter nachzusetzen. Es wurden zu dem Ende einige fürstliche Jäger[35] mit etlichen Bauren ausgeschicket. Diese trafen ihn auch desselbigen Abends in dem niekörnschen Kruge[36] an. Er entwischte ih-[549]nen aber diesmal durch Vorschub[37] böser Leute, und ließ seinen Pallasch[38] und Schuhe im Stich. Endlich verhieng es Gott, daß er den 25. Jan. 1738. zu Kamnitz, in schwedisch Pommern,[39] bey einem Verwalter, bey welchem er sich drey Tage zuvor, als Bauerknecht, im Dienst begeben, arrestiret, und von da nach Dargun in gefängliche Verhaft[40] gebracht wurde. In der Inquisition[41] gestand er zwar freywillig, daß er mit bey der Mordthat in Zarnkow[42] gewesen; allein er wäre von dem Zigeuner Winterfeld und dessen Cameraden, Hartwig Strans,[43] dazu verleitet worden.

Bauernehepaar Geiz unterstellt wird. Der Vorwurf ist jedoch insofern von Bedeutung, als Ritter seine Tat später dadurch zu relativieren versucht, indem er sich als ein Werkzeug Gottes darstellt. Siehe Anm. 192.

32 *Christo dienen:* Joh 12,26; Kol 3,24.

33 *nach besagtem Orte:* Zarnekow.

34 *Besichtigung:* Gemeint ist die Besichtigung des Tatorts.

35 *einige fürstliche Jäger:* herrschaftliche Beamte, die ähnlich wie Jäger gekleidet und bewaffnet waren. Vgl. Jacob Grimm/Wilhelm Grimm (Hg.): Deutsches Wörterbuch, Bd. 10, Sp. 2218–2221.

36 *in dem niekörnschen Kruge:* offenbar eine Gastwirtschaft, deren Besitzer Niekörn hieß.

37 *durch Vorschub:* mit Hilfe.

38 *Pallasch:* im 18. Jahrhundert weit verbreitete Hieb- und Stichwaffe mit bis zu 1,10 m langer zweischneidiger Vollklinge. Vgl. Eduard Wagner: Hieb- und Stichwaffen (3. Auflage), Prag 1975, S. 107, 117. Es handelt sich hier offenbar um den bereits erwähnten „Soldatendegen", die Tatwaffe.

39 *Kamnitz, in schwedisch Pommern:* Camnitz bei Tuchel in Pommern. Schwedisch Pommern meint den Teil Pommerns, der nach 1720 schwedisch blieb, d. h. die Insel Rügen sowie Vorpommern nördlich der Peene.

40 *Verhaft:* Haft.

41 *Inquisition:* Verhör.

42 *Zarnkow:* vermutlich ein Druckfehler, vgl. Anm. 25 („Zarnickow", heute Zarnekow).

43 Identität dieser Personen lässt sich nicht ermitteln.

Diese beyden letztern hätten das meiste bey der Ermordung gethan. Der Zigeuner, Hartwig Strans, war der Justitz entgangen. Christian Winterfeld aber gerieth kurz vor Ritters Arretirung dem hiesigen Gerichte in die Hände, hat auch den Lohn seiner bösen Thaten bekommen. Denn er ist auf Lebenslang zum Bau[44] condemniret[45] worden. Ritter wußte auch diese Anschuldigung, da er Winterfelden als einen Mitgehülfen[46] angab, so wahrscheinlich vorzustellen, und durch einerley Aussage dergestalt zu bekräftigen, daß man schier hätte glauben sollen, er könnte die Mordthat nicht allein verrichtet haben. Der unverschämte Lügengeist[47] hatte sein Herz ganz und gar besessen. Endlich fanden sich zwey Zeugen, die vor Winterfelden zeugeten.[48] Ja Ritter sprach ihn endlich selbst von der beschuldigten Mordthat frey. Man schickte die Acten an die Juristenfacultät zu Rostock,[49] welche dem Ritter zuerkannte, daß er mit dem Rade von unten auf[50] vom Leben zum Tode ge-**[550]** bracht, und danebst auf das Rad geflochten werden sollte. Dieses Urtheil ist auch, auf erfolgte gnädigste Confirmation[51] von der Durchl. Fürstin[52] an demselben den 18. Sept. 1738. wirklich vollzogen worden. Da nun

---

44 *Lebenslang zum Bau:* mit schwerer Festungsarbeit verbundene Gefängnisstrafe. Vgl. Deutsches Wörterbuch, Bd. 1, Sp. 1161–1166.
45 *condemniret:* verdammt bzw. verurteilt worden.
46 *als einen Mitgehülfen:* als Komplizen.
47 Vgl. 1Kön 22,22; 2Chr 18,22.
48 *die vor Winterfelden zeugeten:* die Winterfeld mit ihren Aussagen entlasteten.
49 Senior der Juristenfakultät der Universität Rostock war im Jahr 1738 Prof. Dr. Ernst Johann Friedrich Mantzel. (Vgl. Geschichte der Universität Rostock 1419–1969. Festschrift zur Fünfhundertfünfzig-Jahr-Feier der Universität, Rostock 1969, S. 72. vgl. auch Sven Becker: Die Spruchtätigkeit der Juristischen Fakultät Rostock zwischen dem Sommersemester 1701 und dem Wintersemester 1721/22, Aachen 2003, S. 48–56.)
50 Vgl. Anm. 3.
51 *Confirmation:* Bestätigung. Da der Landesherr der oberste Gerichtsherr war, konnte er Urteile außer Kraft setzen.
52 *Durchl. Fürstin:* Gemeint ist Prinzessin Augusta von Mecklenburg-Güstrow, die als Apanage das Amt Dargun bekommen hatte.

der Inquisitionsproceß[53] wider ihn bis zur wirklichen Vollstreckung des Urtheils geendiget war, so wurde er bey täglichem Besuche der vier Prediger und zweyer Studenten,[54] fleißig und treulich aus Gottes Worte von dem Wege zum Leben[55] unterrichtet. Man fand bey ihm eine erstaunende Unwissenheit. Er selbst drückte es noch den Abend vor seinem Tode also aus: Ich bin wie ein Hövt Veh (Stück Vieh) hier hergekommen! Ein Morgen- und Abend-Lied habe ich gewußt, und ohne Verstand und Herz gesungen. Um solcher Unwissenheit willen wurden die Prediger nebst den Studenten unter einander eins, mit ihm die Hauptstücke unsers kleinen Catechismi Lutheri[56] umständlich[57] und sorgfältig und auf eine einfältige, catechistische Art[58] durchzugehen. Sie theileten daher solche Hauptstücke unter sich, und so auch die Tage in der Woche, da ein jeder das Seinige mit dem Delinquenten vornehmen sollte und wollte. †

† Angenehmes Beyspiel einer süßen und seligen Harmonie! Da muß der Bau des Hauses Gottes glückselig von statten gehen, wo die Arbeiter einander so liebreich und ordentlich die Hände bieten.[59] Ps. 133, 1.3.[60]

---

53 Der Inquisitionsprozess ist eine Form des Strafprozesses, bei dem von Amts wegen im öffentlichen Interesse Klage erhoben wird.

54 Eine Gesamtzahl von sechs Seelsorgern ist als ungewöhnlich hoch anzusehen. Vermutlich ging man davon aus, dass angesichts der Schwere der Verbrechen eine intensive seelsorgerliche Betreuung des Delinquenten notwendig werden könnte. Nur zwei der Prediger werden später namentlich genannt.

55 *Wege zum Leben:* vgl. Ps 16,11; Spr 10,17; Jer 21,8; Mt 7,14; Joh 14,6.

56 *Die Hauptstücke unsers kleinen Catechismi Lutheri:* Der kleine Katechismus Luthers von 1529, der als Einführung in den christlichen Glauben konzipiert wurde, enthält die Hauptstücke der protestantischen Glaubenslehre (Die zehn Gebote, das Glaubensbekenntnis, das Vaterunser, die Sakramente der Taufe und des Abendmahls), vgl. WA 30 I, 243-425.

57 *umständlich:* ausführlich, genau.

58 *auf einfältige, catechistische Art:* nach Art des Frage-Antwort-Prinzips, wie es im Kleinen Katechismus angelegt ist.

59 Vgl. 1Kor 3,9; Esr 3,9.

60 „Siehe, wie fein und lieblich ist's, daß Brüder einträchtig beieinander wohnen! wie der köstliche Balsam ist, der von Aaron Haupt herabfließt in seinen ganzen Bart, der herabfließt in sein Kleid, wie der Tau, der vom Her-

War sein Verstand sehr blind, so war sein Herz oder Wille nicht weniger sehr hart. Er wollte anfänglich der Gnade, so ihm dargeboten wurde, durchaus nicht Raum geben. Ein jeder, so an ihm [551] arbeitete, that nach der Gnade, so der Herr darreichte, das möglichste. Das Wort schien aber fast gar keinen Eingang in seine Seele finden zu können. Satanas hatte gewiß seinen Pallast recht bewahret, und hielt mit aller Macht das Herz vor dem Guten verschlossen. Mit recht bitterm Haß gegen das Wort der Wahrheit[61] war seine Seele erfüllet. Die Bibel, so ihm bald anfänglich gegeben wurde, verkaufte er an einen Wächter im Gefängniß, und versoff das Geld. Als man darnach fragte, behalf er sich einige Zeit mit lauter Lügen, bis er endlich seine Bosheit selbst bekennen und den Käuffer nennen mußte. Und so war auch in ihm ein grosser Widerwille gegen diejenigen, so vermittelst des Wortes an seiner Seele arbeiten[62] sollten. Er selbst hat es nachher wehmüthig bekannt. Ihr Besuch war ihm eine grosse Last, und wünschte, daß sie nur erst weg seyn, und nicht bald wieder kommen möchten. Einen besondern Haß hat er, seiner Aussage nach, gegen einen von den Predigern, dessen Zuspruch doch hernach zu seiner Erweckung an ihm gesegnet gewesen, in seinem Herzen empfunden und geheget, so, daß er oft, wenn ihm derselbe zugesprochen, bey sich gedacht: Hättest du doch Macht, du wolltest ihn anfassen, und mit dem Kopf gegen die Erde stürzen, daß er des Aufstehens vergessen sollte. Nicht weniger ist ihm auch der Besuch und Zuspruch anderer guter Seelen sehr beschwerlich gewesen. †

---

mon herabfällt auf die Berge Zions. Denn daselbst verheißt der HERR Segen und Leben immer und ewiglich."

61 *Wort der Wahrheit:* vgl. insbesondere Joh 17,17; 2Kor 6,7; Eph 1,13; sowie Ps 119,43; Spr 22,21; Pred 12,10; Kol 1,5; 2Tim 2,15; Jak 1,18.

62 *an seiner Seele arbeiten:* Die Arbeit Gottes an der Seele ist eine im Pietismus gängige Formel. Vgl. August Langen: Der Wortschatz des deutschen Pietismus, 2. Auflage, Tübingen 1968, S. 43.

† So listig ist der Feind,[63] daß er das Herz gegen solche Leute mit Bitterkeit anfüllet, die uns aus seinen Klauen erretten wollen. Er streubet sich aber nur, [552] wie eine Schlange, welcher der Kopf zertreten ist.[64] Oefters werden aus solchen erbitterten Seelen zuletzt die besten und eifrigsten Liebhaber Jesu. Paulus, der wackere Apostel, ist davon ein merkwürdiges[65] Exempel.[66]

Und wurde er schon manchmal durch die vorkommende Gnade Gottes in etwas beweget, so schlug er es doch bald wieder in den Wind, und beruhigte sich fälschlich damit, daß er für seine Sünden leiden müßte, ja wünschte, vor Ungeduld, daß nur die Zeit erst da seyn möchte. Siehe, so verhärtete er sein Herz[67] selbst gegen die Gnade. Inzwischen setzten doch die Prediger ihren Besuch fleißig fort, und drungen mit dem göttlichen Worte unermüdet an seine Seele. Es fanden sich auch äußerliche Hindernisse. Einige suchten ihn, in Abwesenheit der Prediger, zu bereden, er könnte schon ohne Bekehrung selig werden, er sollte nur seine paar gewohnte Gebete äußerlich herbeten, und zuweilen etwas lesen, so wäre es zum selig werden schon genung[!]. Er hätte nicht nöthig, sich so zu bekehren, wie ihn die Prediger anwiesen. Es würden andere auch selig, die sich nicht so bekehreten. Für seine Mordthat müsse er ohnedem büßen und mit seinem Tode voll thun.[68] Andere suchten ihm gar die Lehrer u. ihre Lehre verdächtig zu machen. Man sagte zu ihm, sie wären irrige, neue, falsche Lehrer, oder Ketzer, und der Weg der Buße u. des

---

63 *Feind:* der Teufel.
64 Gen 3,15.
65 *merkwürdiges:* denkwürdiges, bemerkenswertes.
66 Vgl. Apg 9,1–9.
67 Vgl. Ex 10,1; Spr 28,14.
68 *mit seinem Tode voll thun:* durch seinen Tod bezahlen, den Rechtszustand wiederherstellen.

Glaubens, so sie ihm vorhielten, sey eine falsche, neue Lehre. Er solle bey seinem Glauben bleiben, er könne so schon selig werden.[69] †

† Dieses elende Schlangengezische[70] wird aller Orten gehöret, wo Licht und Finsterniß[71] mit einander streiten. Das ist eben die Sprache einer recht giftigen Lehre. Es muß dem Satan an ihrer Ausbreitung sehr viel **[553]** gelegen seyn, weil er seine Apostel auch in dieses Gefängniß geschicket hat.

Was muß doch das für ein Glaube seyn, dabey Mord und alle Schande und Laster bestehen können? Und fassen nicht oben angeführte Sätze solche Irrthümer in sich, die nicht Grund-verderblicher seyn könnten? Z. E.[72] Ein Uebelthäter thue durch die äußerliche Strafe, so erleidet, für die Sünde voll oder genung! Item, ein Sünder könne ohne Bekehrung selig werden! Bloß äußerliches Mundgebet und Lesen sey ohne Buße und Glauben genung zur Seligkeit, u.s.f. Diese Sätze stoßen den Grund und Ordnung des Heils[73] wirklich über den Haufen.

So gehet es. Leute, die selbst voll Irrthum stecken, schreyen gemeiniglich am meisten über Irrthümer. Hinderlich waren diesem armen Sünder die zu seiner Aufsicht bestellete Wächter. Was kurz vorher gesagt, wollen wir nicht noch einmal wiederholen. Denn auch unter den Wächtern waren solche, die ihm obbemeldte

---

69 Hier werden anscheinend Stimmen wiedergegeben, die Anstoß an der pietistischen Bekehrungspraxis und ihren „Durchbruchserlebnissen" nahmen. Ähnliche Kritik war im Dargun der 1730er Jahre durchaus nicht unüblich. Vgl. Peschke: Der Pietismus in Dargun, S. 86, 93.
70 *Schlangengezische:* Wsh 17,9.
71 *Licht und Finsterniß:* gängiger Bibeltopos. Vgl. Gen 1,4 und insbesondere Hiob 30,26; Pred 2,13; Jes 5,20; Apg 26,18; Mt 6,23; Röm 13,12.
72 Zum Exempel.
73 *Ordnung des Heils:* Vgl. Johann Anastasius Freylinghausen: Die Ordnung des Heils: Nebst einem Verzeichniß der wichtigsten Kern-Sprüche H. Schrift, Halle 1705. Die 5. Aufl. erschien 1726.

Dinge vorschwatzten, wie der sel. Ritter hernach selbst bekannt. Es ließ ihn aber auch über dies das eitele, sündliche und ärgerliche Reden dieser Leute nicht einmal zum Nachdenken der göttlichen Wahrheit kommen. Kaum waren die Prediger von ihm weg, so fiengen die Wächter ganz andere Dinge an mit ihm zu schwatzen. Auf solche Art wurde eine geraume Zeit das Wort immer wieder von seinem Herzen geraubet. Gott gebe es doch auch noch diesen Leuten zu erkennen, und schenke ihnen Gnade zur wahren Buße, um Christi willen. † [554]

> † Es ist eine elende Sache, daß Satans Kinder[74] einander so treulich zur Hölle befördern. Ist es denn nicht genug, daß du[75] allein verdammt wirst? Mußt du nothwendig andere mit nehmen, damit dein Gerichte[76] unerträglicher werde? Lieber, gehe für dich allein verlohren, wenn es so seyn soll. Und erlaube andern, daß sie selig werden.

Als dieser arme Sünder gefänglich eingebracht wurde, und noch nicht ein Fünklein Gutes an ihm war, hatte fast jedermann ein inniges Mitleiden mit ihm. Kaum hatte aber die Gnade Gottes an ihm zu arbeiten angefangen,[77] so kehrete sich es um, und zeigete sich an statt des Mitleidens Widerwille. Aus demselben entsprungen ganz verkehrte Urtheile. Es hieß: Einem solchen, der zwey Leute ermordet, dem will man noch viel vom Bekehren und selig werden vorsagen! Der hats allzugrob gemacht. Sollte man einen solchen nicht je eher, je lieber von der Erden ausrotten? Was hält man ihn noch so lange auf? Dem kan Gott die Sünden nicht vergeben,

---

74 *Satans Kinder:* Vgl 1Joh 3,10.
75 *du:* gemeint ist der Leser.
76 *dein Gerichte:* das Gericht über dich.
77 *die Gnade Gottes an ihm zu arbeiten angefangen:* Vgl. Langen, S. 43 sowie Anm. 62.

u.s.f. Kurz, nunmehr schalt man auf ihn. Die Wächter wolten nicht gern mehr bey ihm wachen. Denn er erinnerte sie selbst ihrer Pflicht, wenn sie an statt des Wachens schliefen. So wollte er auch ihr unnützes Geschwätz nicht mehr anhören. Das anhaltene Flehen, Beten und Singen dieses armen Sünders war ihnen eine große Last. Sonderlich ärgerten sie sich daran, daß er, wenn er Bosheiten an ihnen sahe und hörete, in ihrer Gegenwart für sie zu Gott betete, daß er doch auch diese seine Wächter zur Erkenntniß der Sünden bringen und bekehren möchte. Sie meyneten aber, der [555] Bekehrung um so viel weniger nöthig zu haben, weil sie mit ihrer Hand niemanden, wie dieser, ermordet. †

> † Hier wurde es also deutlich genug offenbar, daß sie ihn darum hasseten, weil er ein Jünger JEsu ward. So gehts ordentlicher Weise. Man wendet allerley Ursachen vor, warum man Kinder Gottes[78] nicht leiden könne. JEsus aber giebt uns den Schlüssel zum ganzen Geheimniß:[79] Das alles werden sie euch thun um meines Namens willen; denn sie kennen den nicht, der mich gesandt hat, Joh. 15, 21.

Die erste Gelegenheit, wobey das Herz des sel. Ritters zur wahren Buße aufgewecket wurde, war folgende. Es hielt ihm der obbemeldte Prediger, welchem dieser arme Sünder anfänglich so gram gewesen, 1 B. Mos. 9, 6. vor: Wer Menschenblut vergeußt, des Blut soll auch durch Menschen vergossen werden: Denn Gott hat den Menschen zu seinem Bilde gemacht. Hierbey wurde ihm nachdrücklich zu Gemüthe geführt, wie er ein zweyfacher gräulicher Mörder wäre. Denn er hätte nicht nur zwey Menschen, dem Leibe nach, jämmerlich umgebracht, sondern ihnen auch zugleich die theure und un-

---

78 *Kinder Gottes:* Vgl. zum Beispiel Mt 5,9; Lk 20,36; Joh 1,12; Röm 8,14. 16.19; 1 Joh 3,1–2.
79 *Geheimniß:* Vgl. Ps 25,14; Spr 3,32; Mt 13,11; Mk 4,11; Lk 8,10 u.a.

wiederbringliche Gnadenzeit[80] zur Buße abgeschnitten.[81] Er selbst habe ja ausgesaget, daß der ermordete Mann mit Fluchen in die Ewigkeit gegangen. Eine solche Seele würde also in der Ewigkeit über ihn Ach! und Weh! schreyen, u.s.f. Es wurde ihm zu gleicher Zeit das bedenkliche Gleichniß Luc. 13, 6. f. von dem Feigenbaum,[82] auf welchem man drey Jahr vergeblich Frucht gesuchet, und den um deswillen der Hausherr umgehauen wissen wollte, der Weingärtner aber noch eine Gnadenfrist für ihn ausgebeten hätte, [556] umständlich[83] vorgehalten. Die Application[84] wurde auf den armen Sünder gemacht. Er sey bisher ein recht fauler, unfruchtbarer und schädlicher Baum gewesen. Gleichwol aber habe der Hohepriester, Christus JEsus,[85] noch diese Gnadenfrist für ihn ausgebeten. Die Zornart der göttlichen Strafgerechtigkeit würde ihn sonst schon längst gefället in das ewige Feuer[86] geworfen haben. Er lasse überdies fleißig an ihm arbeiten, um ihn graben und ihn bedüngen. Es sey aber leider! alles bisher an ihm vergeblich und verloren gewesen. Wie wolle er doch das vor dem Angesichte JEsu Christi dereinst verant-

---

80 *Gnadenzeit:* die Zeit, die einem Menschen vor seinem Tod bleibt, um sich zu bekehren.
81 Der durch den Mord geschehene plötzliche Tod hatte den Opfern die Möglichkeit der Buße genommen. Dies wird als ein zusätzlicher grausamer Aspekt der Tat angesehen.
82 Lk 13,6–9: „Er sagte ihnen aber dies Gleichnis: Es hatte einer einen Feigenbaum, der war gepflanzt in seinem Weinberge, und er kam und suchte Frucht darauf und fand sie nicht. Da sprach er zu dem Weingärtner: Siehe, ich bin nun drei Jahre lang alle Jahre gekommen und habe Frucht gesucht an diesem Feigenbaum und finde sie nicht. Haue ihn ab! Was hindert er das Land? Er aber antwortete und sprach zu ihm: Herr, laß ihn noch dies Jahr, bis daß ich um ihn grabe und bedüne ihn, ob er wolle Frucht bringen; wo nicht so haue ihn darnach ab.“
83 Vgl. Anm. 57.
84 *Application:* Anwendung.
85 Die Übertragung des in den Evangelien eher negativ konnotierten Hohepriester-Begriffs (als Widersacher Jesu) auf Jesus selbst ist im Hebräerbrief häufig, insbes. Hebr 6,20.
86 *das ewige Feuer:* Vgl. Mt 18,8; 25,41; Mk 9,43; Jud 1,7.

worten? Wollte er alle Gnade Gottes beständig unter die Füße treten, so müßte man es geschehen lassen; beklage er aber seine arme Seele, die er in das ewige Verderben stürze. Der Saame des göttlichen Wortes[87] werde fleißig ausgestreuet. So oft man aber wieder komme, müsse man mit Schmerzen gewahr werden, daß solchen die Raubvögel von dem Herzen weggeholet.[88] Er (der Prediger) trüge bey so gestallten Umständen fast Bedenken, wieder zu ihm zu kommen. Er wisse Zeit und Kräfte besser anzuwenden, als daß er sie an ihm vergeblich brauchen sollte. Diese Vorstellung hat ihm, seiner eigenen Aussage nach, sein Herz gebrochen. Er bat auch sofort gedachten Prediger, er möchte doch bey Seiner hochfürstl. Durchl.[89] unterthänigst ansuchen, daß Sie ihm noch Zeit ließen: Es wäre ihm nun ein rechter Ernst, sich durch Gottes Gnade von Herzen zu Gott zu bekehren. Von dieser Zeit, da die Gnade sein Herz zu besiegen angefangen, hat man [557] keine Ausschweiffung und nichts unordentliches mehr an ihm wahrgenommen. Vielmehr gieng er mit der Gnade ungemein treu um. Der Besuch der Prediger und anderer redlicher Seelen war von Zeit zu Zeit an ihm gesegneter. Es wurde ihm bey solchem Besuch vornemlich Christus, als das Ziel, zu welchem er sich bekehren sollte, samt der in göttlichem Worte geoffenbarten Ordnung, wie man zu ihm kommen könne und müßte, fleißig, gründlich und doch einfältig vorgestellet. Buße und Glaube,

---

87 *Der Saame des göttlichen Wortes:* das Wort Gottes als Same der Wiedergeburt; vgl. Johann Arndt, Vier Bücher vom Wahren Christentum, I. 38, 1 sowie die Vorrede zum ersten Buch nach der Frankfurter Ausgabe von 1605, S. 4 f. Siehe Hermann Geyer: Verborgene Weisheit. Johann Arndts „Vier Bücher vom Wahren Christentum" als Programm einer spiritualistisch–hermetischen Theologie, Bd. 1, Berlin/New York 2001, S. 394.

88 *Raubvögel von dem Herzen weggeholet:* der Same des Wortes Gottes wird von den Raubvögeln weggeholt. Vgl. Lk 8,5.

89 *Seiner hochfürstl. Durchl.:* Herzog Christian Ludwig II. von Mecklenburg–Schwerin (1728–1756).

so zu dieser Ordnung gehörete, wäre kein Menschen-
werk, sondern eine pur lautere Gnadengabe Gottes, in
Christo JEsu. Es müßte also mit ernstlichem und an-
haltendem Gebethe gesuchet werden. Die Gnade aber
zum Gebet habe auch Christus erworben und zu schenken verheißen. Es komme dabey nicht auf viele, und
noch weniger auf künstliche Worte[90] an, sondern auf
den Ernst des Herzens. Er fieng daher einfältig an zu
Gott zu schreyen, daß er ihn doch seine Sünden möchte
lebendig erkennen lassen, und darüber eine wahre
Reue schenken. In solchem Gebethe hielt er unermüdet
an. Der Tag war ihm nicht genug, sondern wann er auch
in der Nacht erwachete, erhub er Herz und Mund zu
Gott und seinem Heilande. Seine Wächter ließ er sich
nicht mehr daran stöhren,[91] sondern, so oft er es nöthig
fand, beugete er in ihrem Beyseyn seine Knie, und trug
GOtt sein Elend vor. Der HErr schenkte ihm auch bald
ein reiches Maaß der Gnade des Gebets. Er betete auch
gern mit redlichen Seelen, wenn sie ihn besuchten, gemeinschaftlich, und bezeugte, daß ihm sol-[558]ches zu
großem Segen und besonderer Erweckung gereichte. Je
größer die Noth über seine Sünde wurde, je heftiger betete er. Gott brachte ihn durch seine Gnade zu einer
gründlichen Erkänntniß seines Sündenelendes.[92] Nicht
nur die groben Ausbrüche der Sünden, sondern auch

---

90   *künstliche Worte:* kunstvolle Worte.
91   *Seine Wächter [...] daran stöhren:* Ritter ließ sich nicht von seinen Wäch-
     tern stören.
92   *Sündenelendes:* „...vom Sündenelend hat befreit..." So beispielsweise in
     dem Lied von Johann Mentzer (1658–1734): O, dass ich tausend Zungen
     hätte (1704). Karl Rudolf Reichel (1718–1785), Pfarrer in Neukirch in der
     Oberlausitz und der Herrnhuter Brüdergemeine nahestehend, wählte bei-
     spielsweise als Predigtthema: „Wer sein Sünderelend kennt, bleibt von Je-
     sus ungetrennt." Hans Mohr: Predigt in der Zeit. Dargestellt an der Ge-
     schichte der evangelischen Predigt über Lukas 5, 1–11, Göttingen 1973, S.
     18. Über Reichel siehe Gottlieb Friedrich Otto: Etwas zum Andenken des
     verstorbenen Herrn Pastor Reichels in Neukirch, Lausizische Monats-
     schrift, Erster Theil, Görlitz 1795, S. 38–44.

das schreckliche Erbverderben,[93] oder das von Natur ganz verfinsterte und fleischliche Herz, lernete er im göttlichen Lichte[94] erkennen. Wie oft seufzete er darüber, daß ihn Gott anfänglich in Adam so herrlich und nach seinem Bilde geschaffen.[95] Solches schöne Bild Gottes aber sey gänzlich verlohren, und er habe an dessen Statt bisher die scheusliche Larve, oder Bild des Teufels, an sich getragen. Eine gewisse Person sprach einst zu ihm: Ritter, ich habe gehöret, daß ihr euch bekehren wollet, ist das wahr? Er antwortete: Ja! Sie: Wie gehet das zu? Ihr habt es doch sonst nicht thun wollen. Er: Ich bin es nun aus dem Worte Gottes überführet. Sie: Habt ihr etwan was gelesen, so euch überzeuget? Er: Eigentlich ist es geschehen, da der Herr N.N. das 5te Gebot[96] mit mir durchgieng. Dabey führete er unter andern den Spruch 1 Buch Mos. 9, 6.[97] an. Dieser gieng mir durch das Herz. Sie: Ist denn in diesem Spruche sonst nichts mehr enthalten, als daß nur das Blut dessen, der Menschenblut vergeußt, wieder durch Menschen vergossen werden solle? Er: Es steht auch darinne, daß Gott den Menschen und so auch mich, in Adam zu seinem Bilde gemacht. Solches habe ich leider verscherzet. Das gieng und gehet mir noch so nahe. Ich habe es auch sonsten nicht einmal gewußt, was das Bild Got-[**[559]**]tes sey. Sie: Wollet ihr denn nun Gott ernstlich bitten, daß er es in Christo in eurer Seelen wieder erneuren wolle? Er: Ja, durch die Gnade Gottes. Kurz, er sahe, wie nichts als Sünde, Jammer und Elend innerlich und äußerlich an ihm sey. Er erkannte sich für einen Verfluchten, der bisher unter dem Zorne Gottes gelegen, und die

---

93 *Erbverderben:* Erbsünde, vgl. RGG, 4. Aufl., Bd. 2 (1999) Sp. 1394–1397.
94 *göttlichen Lichte:* Vgl. 2Kor 4,4.
95 Vgl. Gen 9,6 sowie Gen 1,27; 5,1.
96 „Du sollst nicht töten." (Ex 20,13).
97 „Wer Menschenblut vergießt, des Blut soll auch durch Menschen vergossen werden; denn Gott hat den Menschen zu seinem Bilde gemacht."

ewige Verdammniß vielmal verdienet habe. Er empfand solch sein großes Sündenelend mit innigster Wehmuth, Furcht, Schaam und Beugung seines Herzens.[98] Er vergoß darüber unzähliche Thränen. Einst wurde er gefraget: Welche Sünde ihm wol am meisten Noth mache? Und gab zur Antwort: Mein böses Herz! denn hätte ich das nicht, so hätte ich auch keine andere Sünden. Gleichwol wurde er doch auch durch das Andenken einzelner Sünden oft gar tief gebeuget. Sein Mund bekannte vor Gott aufrichtig. O! wie oft klagte er sich für den allergrößten Sünder, der auf dem Erdboden gefunden werden möchte, an. Offenbarete auch freywillig manche heimliche Bosheit, davon in dem vorhergehenden eines und das andere angeführet worden. Er bat auch denen, so er in währender seiner Gefangenschaft beleidiget, herzlich ab. Und, wenn er sich auch nur mit gehegten feindseligen und zornigen Gedanken wider sie versündiget, so schämete er sich nunmehro nicht, es frey zu bekennen. Man spürete auch bald vom Anfange seiner Bekehrung eine merkliche Veränderung an ihm. Ließ er ehedessen auch in seinem äußerlichen Bezeugen und Wandel sehr freche Geberden und ein leichtsinniges Gemüth an sich blicken, so wurde man ietzt ganz **[560]** was anders gewahr. Hatte er vorhin einen Eckel am göttlichen Wort,[99] so wurde er nun desselben nicht satt. Der Hunger[100] nach solchem wuchs täglich in ihm. Derselbe trieb ihn auch, daß er in kurzer Zeit ziemlich hurtig lesen lernete. Er laß die Sprüche, die ihm Gott

---

98 *Beugung seines Herzens:* Dieser Ausdruck beruht auf Bibelnachklängen und ist im Pietismus über verschiedene feste Formeln gängig. Vgl. Langen, S. 210 f.

99 *Eckel am göttlichen Wort:* Vgl. Philipp Jacob Spener, Pia Desideria, hg. von Kurt Aland, Berlin 1964, S. 58, 8: „eckel der Schrifft / so bey vielen ist."

100 „Hunger" und „Durst" waren gängige pietistische Metaphern für die Sehnsucht nach Gott. Vgl. Langen, S. 135 f.

zum Heil seiner Seelen aufschloß,[101] und deren Kraft er an seinem Herzen erfuhr, so oft und fleißig, daß sie sich ganz seinem Gedächtniß eindrückten. Davon hatte er sich einen recht großen Schatz gesammlet. Kam man bey seinem Besuche auf diesen oder jenen, so sagte er ihn munter und mit vieler Bewegung seines Herzens her. In seiner Bibel wurde er so bewandert, daß er sofort zu finden wußte, was er haben wollte. Wie er denn auch seine Bibel und Gesangbuch nicht von seiner Seite kommen ließ. Die Sprüche heiliger Schrift führete er fleißig und beständig ins Gebeth. Und man mußte sich wundern, wie er Gott solche im Gebet vorzuhalten wußte. Erbauliche Lieder sang und laß er so fleißig, daß er deren eine große Anzahl auswendig konte.

In Nebenstunden wurde ihm die herzliche Bekehrung Andreas Lepschens,[102] so der theure Hr. Pastor Schubert[103] in Potsdam (jetziger Inspector zu Zossen)[104] herausgegeben, Stück vor Stück vorgelesen, und mit ihm darüber geredet. Solche war ihm so erwecklich, daß er sich nicht satt hören, noch mit andern davon sprechen konnte. †

---

101 *zum Heil seiner Seelen aufschloß:* „aufschließen" ist eines der bekanntesten pietistischen Verben. Vgl. Langen, S. 79.
102 Andreas Lepsch wurde am 17. Oktober 1730 in Potsdam lebendig verbrannt. Der Bericht über seine Bekehrung wurde drei Jahre später zusammen mit mehreren Predigten veröffentlicht: Heinrich Schubert, Zeugniß von der Gnade und Wahrheit in Christo. In einigen Predigten über verschiedene Texte der heiligen Schrifft abgeleget. Nebst e. Anh. u. nöthigen Register, Magdeburg 1733.
103 Heinrich Schubert, 1692 in Magdeburg geborener Prediger. Er studierte ab 1713 an der Universität Halle Theologie (u. a. bei August Hermann Francke) und war ab 1718 erst Informator und später Hofprediger der Grafen Reuß in Köstritz, bevor er durch Franckes Vermittlung Prediger an der neu erbauten Heiligen-Geist-Kirche in Potsdam wurde. Vgl. Johann Heinrich Zedler: Großes vollständiges Universal-Lexikon, Bd. 35, Leipzig und Halle 1743, Sp. 1308 f.
104 *Zossen:* Ort südlich von Berlin.

† Diese gesegnete Wirkung zeiget, wie gut es sey, solche Nachrichten von bekehrten Missethätern aufzusetzen, und sie insonderheit gefangenen Delinquenten in die Hände zu geben. Denn Exempel thun öfters mehr, als viele Predigten.[105] **[561]**

Aus dem Hunger nach dem Guten kam es, daß er den Umgang redlicher Seelen[106] überaus gern hatte. Er war unermüdet, sich aus göttlichem Worte mit ihm zu erbauen. Besonders bezeugete er an dem Besuch der Prediger ein großes Vergnügen. Er freuete sich, so oft sie zu ihm kamen. Und wie genau achtete er nicht auf alles, was sie ihm sagten! Daher war kein Wunder, daß sein Erkänntniß zusehens wuchs.[107] Hiezu war unter andern beförderlich, da Seine Hochfürstl. Durchl.[108] gnädigst erlaubten, daß er in die öffentliche Predigten durfte geführet werden. †

† Diese fürstliche Erlaubnis möchten sich manche Obrigkeiten zur Nachfolge merken!

So oft er in die Kirche kam, fiel er auf seine Knie, und bat Gott inbrünstig um einen Segen aus seinem Worte. Es fügte sich auch, daß der kleine Catechismus des sel. Lutheri, welchen die Prediger, wie gedacht, gemeinschaftlich mit ihm durchgiengen, zu der zeit in öffentlichen Predigten erkläret und abgehandelt wurde. Er hatte also Gelegenheit, alle nöthige *Glaubenslehren* auf

---

105 Diese Äußerung Woltersdorfs ist insofern sehr erhellend, als sie einen seltenen Beleg für die Rezeption der Delinquentenberichte bietet. Auch Rainer Lächele verweist darauf, dass die Berichte in Gefängnissen (vor)gelesen wurden: Rainer Lächele, „Maleficanten" und Pietisten auf dem Schafott, in: Zeitschrift für Kirchengeschichte 107 (1996), S. 179–200, hier S. 197 f.

106 *redlicher Seelen:* „redlich" ist bibelsprachlich, vgl. z. B. Spr 20,1: „Auch einen Knaben kennt man an seinem Wesen, ob er fromm und redlich werden will."

107 Die Bedeutung dieses Satzes ist nicht klar. Möglicherweise nahm die Zahl der Besucher Ritters im Gefängnis zu.

108 Herzog Christian Ludwig II. von Mecklenburg–Schwerin.

eine erbauliche Art zu hören. Dabey bewieß er sich ungemein aufmerksam, schlug alle Sprüche, so zum Beweiß angeführet wurden, fleißig auf, lase sie nach, und zeichnete sich dieselben. Diese Catechismuspredigten wurden nach der Nachmittagspredigt auf eine catechetische Art wiederholet.[109] Auch dabey fand er sich ein, und antwortete und laß die Beweißsprüche gemeiniglich eher, als es andere thun konnten. Er hat selbst bezeuget, daß der Besuch der öffentlichen Predigten und Erbauungen ein [562] großes zum Segen seiner Seelen beygetragen. Der Weg des Heils war ihm so offenbar, daß er bey Gelegenheit andere mit vielen Worten und kräftigen Gründen dazu anzuweisen und bewegen konte. Wie ihm denn nicht nur sein eigenes Heil, sondern auch das *Heil anderer* gar sehr am Herzen lag. Er betete daher eben so ernstlich und fleißig für andere als für sich selbst. Auch diejenigen trug er Gott in seinem Gebete beständig vor, so ihm ehedessen am Guten hinderlich gewesen, daß er sie doch auch noch auf einen andern Sinn bringen und bekehren möge. Nicht leicht ließ er eine Gelegenheit vorbey, wo er jemanden ein Wort zur Ermahnung oder Erweckung zusprechen konnte. Sahe oder begegnete er einem Kinde Gottes, so sagte er ihm wenigstens einen Spruch. Was er erkannte, wußte und suchte er vor allen Dingen auf sich selbst zu appliciren.[110] Wir wollen eine kleine Probe geben, wie er mit Gottes Wort umgegangen, und sich dasselbe zu Nutze gemacht. Er fand einst den Spruch Offenb. Joh. 21, 5.6. Und der auf dem Stuhl saß, sprach: Siehe, ich mache alles neu! Und er spricht zu mir: Schreibe, denn diese Worte sind wahrhaftig und gewiß. Und er sprach zu mir: Es ist geschehen. Ich bin das A und O, der Anfang

---

109 Zu diesen Veranstaltungen vgl. Peschke, Der Pietismus in Dargun, S. 87.
110 *appliciren:* anwenden.

und das Ende. Ich will dem Durstigen geben von dem Brunnen des lebendigen Wassers umsonst. In diesem Spruch waren ihm alle Worte sehr theuer. Er machte sich darüber folgende Auslegung. Der auf dem Stuhl saß, sprach er, ist der Herr Jesus. Dieser spricht: Siehe, ich mache alles neu! Jesus will auch **[563]** mein Herz neu machen. Schreibe. So heißt es, daß ich es auch wissen soll, darum hat mirs Gott auch aufschreiben lassen. Diese Worte sind wahrhaftig und gewiß! Sie müssen auch an mir gewiß werden. Ich will dem Durstigen geben! Ich bin auch durstig. Wie der Hirsch schreyet nach frischem Wasser, so schreyet meine Seele, Gott zu dir, meine Seele dürstet nach Gott, nach dem lebendigen Gott, usw.[111] Lebendiges Wasser! Das soll ich kriegen. Das ist das Blut Christi[112] und der heilige Geist, welches mich waschen, beleben und erquicken soll. Das soll ich haben umsonst. Ich habe nichts als Sünden, aber ich soll es umsonst haben. Mit diesem Spruch[113] hat sich sein hungriges Herz gar sehr oft beschäftiget. Er lief immer wieder zu demselben, sonderlich, wenn ihm Sünde und Unglaube grosse Noth machten. Er hielt solchen im Gebeth unermüdet dem Herrn Jesu vor. Siehe, sprach er, du hast es gesagt, du wolltest geben den Durstigen. Gib mir nun! Es soll geschehen.[114] Siehe, Herr Jesu, so laß es auch an mir geschehen. Umsonst wirst du es geben. Siehe, Herr Jesu, so gib mirs umsonst und aus Gnaden u.s.w. So saugete er, so zu reden, an denen göttlichen Verheißungen. Ein iedes Sprüchlein, so ihm in seiner Seele schmackhaftig oder erwecklich gewesen, käuete er unzählich wieder. In seiner Bibel machte er sich auch ein Zeichen dabey, damit er sie, wenn er es in

---

111 Ps 42,2–3.
112 Vgl. 1Joh 1,7; Hebr 9,14.
113 Offb 21,5 f.
114 Vgl. Apg 2,17.

der Noth bedurfte, desto geschwinder finden könte. Einst kam er über die Worte, so JEsus zum bußfertigen Schächer gesprochen: Warlich, ich sage dir: Heute wirst du mit mir im Paradieß seyn.[115] [564] Das war ihm eine recht erwünschte Bothschaft. Wie begierig applicirete er dieses auf sich. Siehe, Herr Jesu, sprach er, du schwörest einem Mörder:[116] Warlich, heute wirst du mit mir im Paradies seyn. Ich bin auch ein Mörder. Jenen stießest du nicht von dir. Du wirst mich doch auch nicht von dir stossen. Jenem hast du das Paradieß geschenket. Du wirst mir es doch auch schenken, u.s.f. Ja, diesen Spruch brauchte er recht zum Panzer gegen die Anläuffe.[117] Wurde ihm vorgehalten, daß er ja ein Mörder wäre, und gefraget, ob sich denn der Herr Jesus wol mit einem Mörder beschäftigen würde? So gab er zur Antwort: Ich bin freylich ein greulicher Mörder; aber der Schächer war auch einer, und gleichwol stieß ihn Jesus nicht von sich, als er ihn bußfertig bat.[118] Ich will ihn auch bitten. Er wird ja heute noch eben einen solchen Sinn haben, und mich nicht verstoßen. Ja, fiel es ihm zuweilen selbst auf das Herz: Ob auch noch Rettung für einen solchen Sünder da sey, der zwey Leute am Leibe ermordet, und ihren Seelen die Gnadenzeit[119] geraubet? So schützte er sich mit diesem Worte und Exempel. Unter andern war ihm auch das 15te Cap. Lucä ganz besonders erwecklich. Mit den beyden ersten Versen beschäftigte er sich fast beständig: Es naheten aber zu ihm allerley Zöllner und Sünder, daß sie ihn höreten. Und die Pharisäer und Schriftgelehrten murreten und sprachen: Dieser nimmt die Sünder an und isset mit ih-

---

115 Lk 23,43.
116 Gemeint ist der reumütige Schächer am Kreuz, auf den sich der Spruch Lk 23,43 bezieht.
117 *Anläuffe:* Angriffe, hier eher: Anfeindungen, Beleidigungen.
118 Lk 23,39 ff.
119 Vgl. Anm. 80.

nen.[120] Herr Jesu, sprach er oft, große Sünder haben sich zu dir nahen dürffen. Ich bin auch ein großer Sünder, so darf ich mich [565] auch zu dir nahen. Sünder hast du angenommen. Du wirst mich ja auch annehmen. Die Pharisäer murreten darüber. Sie murren jetzt auch. Nun, HErr JEsu, mögen sie doch immer murren, nimm du mich nur an. Du hast mit den Sündern gegessen.[121] Wirf mir doch auch ein Bröcklein[122] für meine Seele zu, u.s.f. Die in diesem Capitel enthaltene schöne Gleichnisse von dem verlohrnen Schaf,[123] Groschen[124] und Sohne[125] waren ihm sehr eindrücklich. Sonderlich verglich er sich fleißig mit dem verlohrnen Sohne, und machte davon eine solche Application[126] auf sich, wie in vorigen Proben gezeiget worden.

Die Gnade Gottes, so an ihm arbeitete, erkannte er mit tieffster Demuth und innigster Dankbarkeit. Das Andenken derselben pressete ihm häufige Thränen aus. Oft brach er in Verwunderung über den Reichthum der Güte, Geduld und Langmuth Gottes[127] aus. Gott habe ihn als ein Gefäß des Zorns[128] so lange Zeit mit Geduld getragen. Er habe es so gut mit seiner Seele gemeynet, da er es doch mit sich selbst so übel gemeynet. Dieser Gott sey ihm unermüdet nachgegangen, da er immer weiter von ihm weggelaufen. Er hätte ihn ja mitten in seinen Sünden wegreißen können. Das habe er aber nicht gethan. †

---

120 Lk 15,1–2.
121 Mk 2,13.
122 Vgl. Mt 15,27.
123 Lk 15,1–7.
124 Lk 15,8–10.
125 Lk 15,11–32.
126 Vgl. Anm. 84.
127 Vgl. Röm 2,4.
128 Vgl. Röm 9,22.

† Wer es erfahren hat, dem wird bekannt seyn, daß nichts die Seele so gewaltig bewegen, beschämen, ja in Liebes- und Freuden-Thränen zerschmelzen kan, als das Andenken der überhäuften Langmuth, Güte und Erbarmung GOttes in JEsu Christo, gegen alle unsere Sünde, Widerspenstigkeit und schnöde Untreue. Da dringt die Frage durch alle Seelen-[566]kräfte: Ists möglich, Sünder so zu lieben, die dir gemachet so viel betrüben?

Er dankete Gott ohne Unterlaß und von ganzem Herzen, daß er ihn an einen solchen Ort gebracht, da so treulich und reichlich für sein Seelenheyl gesorget würde. Er achtete sich ganz unwerth des häufigen Besuchs der Knechte und Kinder Gottes.[129] Gedachte auch dessen gemeiniglich bey dem Weggehen derselben vor Gott im Gebet, und sagte unter andern oft: Lieber Gott, deine Knechte und Kinder besuchen mich, und gehen denn auch wieder von mir, weil sie, ihrer Umstände halber, nicht immer bey mir bleiben können. Ich danke dir dafür, daß sie mir zusprechen, und mit mir von meinem Heyl reden. Vergilt es ihnen doch in Gnaden, was sie an mir thun. Gehen sie nun wieder weg, so weiß ich doch, daß du bey mir bleibest, und nicht von mir gehest, u.s.f. Sahe er seine Ketten an, so wunderte er sich in Demuth über die treue Regierung[130] Gottes, der ihm zu Befreyung seiner Seelen leibliche Ketten anlegen lassen. Ach, Gottlob! sprach er, daß ich diese bekommen. Ich sehe sie als einen Schmuck an. Denn, wären mir diese nicht angeleget worden, so hätte ich gewiß in Ewigkeit höllische Ketten[131] tragen müssen. Er war aber mit zwey Ketten, die von beyden Seiten in der Wand veste gemacht, an-

129 *Knechte und Kinder Gottes:* Geistliche und Gläubige. Die beiden biblisch
     häufigen Formeln für die Beauftragten und die Geliebten des Herrn,
     „Knechte Gottes" und „Kinder Gottes", sind hier zusammen gezogen.
130 *Regierung:* Führung.
131 *höllische Ketten:* Vgl. 2Petr 2,4; s. auch Johann Sebastian Bachs Kantate,
     Bach-Werke-Verzeichnis 74: „Nichts kann mich erretten von höllischen
     Ketten als, Jesu, dein Blut!".

geschlossen. Und überdies trug er an einem ieden Fusse einen Klotz, so ihm angeschmiedet waren.[132] In solcher Gestalt mußte er auch des Nachts schlaffen. Und, ohnerachtet ihn der eine Klotz endlich den Fuß verwundet, so hat er sich doch nie, auch nur mit **[567]** einem einigen Worte, merken lassen, daß er Erleichterung begehre. Vielmehr suchte er gar sorgfältig, auch allen Schein eines falschen Gesuchs zu vermeiden. †

> † Mein Leser, wer weiß was für einen Klotz der HErr dir angehänget hat? Bist du so willig damit zufrieden? Wendest du ihn zum Heil deiner Seelen so treulich an? Hältest du ihn für eine grosse Wohlthat, und lobest Gott dafür? Oder murrest du vielleicht in deinem Leiden?

Besonders achtete er eine jede Gnadenwirkung[133] so er an seiner Seele erfuhr, sehr theuer. Ach! sagte er, ich habe sonst nichts davon gewußt, vielweniger etwas erfahren. Wie blind bin ich nicht[134] gewesen. Je theurer ihm nun solche Wirkungen der Gnade waren, je treuer gieng er damit um, und ie fleißiger preisete er Gott und seinen Heiland dafür. †

> † Ach! daß dieses manchen Seelen zu Spielen und Rägeln[135] würde, die schon viele hundert Gnadenwirkungen an ihrem Herzen verspüret haben, aber so kaltsinnig, lau, schläfrig, ja liederlich damit umgehen, daß sich der Himmel entsetzen möchte.

Reue und Glauben wirkete Gott auch in seinem Herzen zugleich. Denn seine Seele war, bey Erkenntniß und Gefühl der Sünden, voll Verlangen nach der Gnade Gottes in Christo JEsu. Er suchte daher, wie eine hungrige

---

132 *einen Klotz, so ihm angeschmiedet waren:* eiserne Fußfesseln mit Gewicht. Der Ausdruck hat sich bis heute sprichwörtlich erhalten: „Klotz am Bein".
133 *Gnadenwirkung:* Vgl. Langen, S. 26.
134 *nicht:* dient der Verstärkung bzw. Betonung (wie „doch").
135 *zu Spielen und Rägeln würde:* zu Spielen und Regeln, d. h. zum Vorbild, zur Richtschnur würde.

Henne,[136] und lechzete, wie ein durstiger Hirsch.[137] Er hing sich mit seinem Glauben an die göttlichen Gnadenverheissungen, wie ein Bienlein an die Blumen.[138] Er suchte auf solche Art Saft und Kraft heraus zu saugen. Was schon vorher gesaget worden, mag zum Beweiß hiervon dienen. Die häufigen Einwürffte des Unglaubens besiegete er durch die Kraft des [568] Glaubens. Er erkannte seine Sünden, und zugleich auch die erschienene Gnade Gottes in Christo JEsu. In seinem Gebet bezeugete er beydes seine Sünden, und das Vertrauen auf göttliche Gnade. Man höréte z. E.[139] in demselben unzählich dergleichen Ausdrücke: Ach! lieber Gott, ich habe zwey Leute ermordet. Einen doppelten Mord habe ich an ihnen begangen, indem ich sie nicht nur um das zeitliche Leben gebracht, sondern ihnen auch noch dazu, in Absicht auf ihre Seele, die Gnadenzeit abgeschnitten. Ich wäre werth, daß du mich dem ewigen Tod übergäbest. Du willst ja aber nicht den Tod des Sünders, sondern vielmehr, daß er sich bekehre und lebe.[140] Ach! erbarme dich doch auch über mich, u.s.w. Dabey vergoß er gemeiniglich häufige Thränen. Bey so gestalten Umständen traurete und trauete[141] er zugleich. Sein beständiges Gebet zeugete von seinem Vertrauen. Ja es war selbst voll Zuversicht und Vertrauen. Es würde auch ohne Glauben unmöglich GOtt gefallen[142] haben. Seine Glaubensaugen[143] waren beständig

---

136 *Henne:* Vgl. Mt 23,37; Lk 13,34. Die Metapher von der Henne als Gleichnis der religiösen Sehnsucht nach Geborgenheit kommt im Pietismus ziemlich häufig vor. Siehe Langen, S. 314 f.
137 Ps 42,2.
138 *wie ein Bienlein an die Blumen:* Metapher für die Christus suchende Seele, vgl. Langen, S. 304 f.
139 Zum Exempel.
140 Vgl. Ez 18,23; 33,11.
141 *traurete und trauete:* trauerte und (ver)trauete.
142 Hebr 11,6.
143 *Glaubensaugen:* Es handelt sich um ein auf Hebr 12,2 fußendes pietistisches Sprachbild. Vgl. Langen, S. 369.

auf JEsum gerichtet. Um das Heyl, so in Christo ist, war es ihm einzig zu thun. Und, da er in und an sich nichts als Sünde und Ungerechtigkeit fand, so hungerte und durstete er allein nach der Gerechtigkeit,[144] so uns Christus durch sein Thun und Leiden erworben. Christus und sein Verdienst war ihm Alles und in Allen.[145] Er trauete seinem Heylande die Vergebung der Sünden zu, ehe er ihn noch derselben versicherte. Oft brauchte sein gläubiges Herz im Gebet solche zuversichtliche Ausdrücke, daraus man urtheilen [569] konnte, daß Gott dasselbe bald bevestigen und versiegeln werde.[146] Wurde er gefragt: Ob er es denn nicht glauben könnte, daß ihm seine Sünden um Christi willen vergeben? So antwortete er: Ich glaube es wohl, Gott wird mir gnädig seyn; aber mein Herz ist noch nicht vest. Ich getraue mich bey dem Glauben noch nicht rädern zu lassen. Der liebe Gott wolle mir ihn noch mehr stärken. Und um die Versicherung der Vergebung der Sünden war es ihm auch in seiner Buße zu thun. Er flehete deshalben unermüdet zu GOtt. Wurde er gefragt: Ob er sich auch vor dem Tode, der dem Leibe nach etwas schwer seyn würde, fürchte? So antwortete er: Nein, wenn mich nur der liebe GOtt durch seinen Geist versichern wird, daß mir meine Sünden vergeben sind, so will ich mit Freuden sterben. Es währet ohndem nur eine kurze und kleine Zeit. Ich aber habe eine ewige Pein[147] verdienet. Wenn ich dieser entgehe, will ich mit allem gern zufrieden seyn. Wandte man ein, er möchte der Vergebung der Sünden wol gewiß seyn, wolle es aber etwan nicht sa-

---

144 Mt 5,6.

145 *Alles und in Allen:* Vgl. 1Kor 15,28; Eph 1,23.

146 *dasselbe (Herz) … versiegeln werde:* Vgl. Gottfried Arnold: Sämtliche geistliche Lieder, hg. von K.C.E. Ehmann, Stuttgart 1856, Lied 215: „drum versiegle vest, o Herzens-Gast, mein hertze…" Siehe auch Langen, S. 63. Die Formel vom Versiegeln des Herzens leitet sich ab von Hhld 8,6 „Setze mich wie ein Siegel auf dein Herz".

147 *ewige Pein:* Mt 25, 46.

gen, damit sein Todestag noch länger verschoben bleiben möchte. So sprach er: Nein, es wäre mir ja viel besser, daß ich vollends von allen Sünden loß käme, und Gott in ewiger Seligkeit ohne Sünde, loben könnte.[148] Ach! wie froh wollte ich seyn, wenn ich mich mit rechter Gewisheit der Gnade Gottes trösten könnte. Es sollte mir mein Todestag ein rechter Hochzeitstag seyn.[149] Der Unglaube macht mir oft noch viele Angst. Nun, ich will nicht nachlassen. Gott wird mirs geben. Muß ich gleich warten, so wird er mir doch **[570]** helfen. Er hats gesagt: Ich will dich nicht verlassen noch versäumen.[150] Gott hat lange genung auf mich warten müssen, ehe ich gekommen. Lange genung habe ich ihn mit meinen Sünden betrübt. Ich will nun gern zufrieden seyn, wenn auch die Hülfstunde verzeucht.[151] Ich bin indessen so viel gewiß, daß sie kommen und nicht ausbleiben wird.

Einige Zeit vor der Execution wurde durch lügenhafte Leute ausgesprenget,[152] als ob dieser arme Sünder an einem gewissen Freytage[153] würde justificiret[154] werden. Es kam daher an solchem Tage Volk zusammen gelaufen, welches sich auch bis zu Mittage hier aufhielt, in Meynung, daß man etwan die Execution geheim halten wollte. Ritter sahe solches, und wußte nicht, woran er war. Nach der Zeit gestand er, daß es ihm Noth gemacht, sich hinrichten zu lassen, ehe er noch der Vergebung

---

148 Wohl Zitat aus Joachim Neanders Lied „Wunderbarer König": „Endlich wirst du droben ohne Sünd ihn loben." (EG 327,4).
149 *ein rechter Hochzeitstag:* Vgl. Offb 19,7–9. Das Wortfeld „Hochzeit" taucht gegen Ende des Berichts häufig auf und deutet auf den in pietistischen Schriften gängigen Bildkomplex der Ehe hin. Vgl. Langen, S. 412; Anm. 206.
150 Jos 1,5.
151 *wenn auch die Hülfstunde verzeucht:* Vgl. Hab 2,3. Sinngemäß etwa: wenn auch die Stunde der Gewissheit auf sich warten lässt.
152 *ausgesprenget:* verbreitet.
153 Vgl. Anm. 1.
154 *justificiret:* exekutiert, hingerichtet.

der Sünden gewiß worden. Er sey aber in solcher Noth mit seinem Gemüthe auf Math. 5, 4. gefallen: Selig sind, die da Leide tragen, denn sie sollen getröstet werden. Ey! habe er dabey gedacht, hier werden doch die Leidetragenden selig genannt. Ich bin ja ein Leidetragender. Muß ich nun als ein solcher sterben, so wird mich ja doch mein Heiland, vermöge dieser Verheißung, nicht verstoßen, sondern ewig selig machen. Wäre nicht ein Fünklein des Glaubens in seinem bußfertigen Herzen gewesen, so hätte er einen solchen Schluß in der Noth wohl sollen ungemachet lassen. Und der Schluß an sich hat seine völlige Richtigkeit. †

> † Wenn einige dieses für einen unrichtigen, bloßen Vernunftschluß halten wollen; so möchte man fragen: **[571]** Wozu sind denn die Verheißungen? Sie sind allerdings dazu, daß der Glaube einen vernünftigen Schluß daraus machen, und sich mit Gewißheit darauf gründen soll. Ganz etwas anders ist es, wenn die blinde Vernunft ohne Prüfung aus Gottes Verheißungen falsche Schlüsse macht. Sollte aber der Glaube sich auf lauter Empfindungen gründen, so wären alle Verheißungen unnütz.

In solcher seiner Buße blickte ihn auch Gott gar oft mit Gnade an, ob gleich sein Herz dadurch noch nicht befestiget wurde. Inzwischen stärkete und mehrete es in ihm das Vertrauen. Seine Seele war manchmal so freudig, daß er vor Freuden hätte springen mögen. Sein Mund floß da schon von dem Herrn JEsu reichlich über.[155] Als er einst zur Kirche geführet wurde und voller Freude war, traf ihn jemand an, der ihn fragte: Wie er sich denn befände? Darauf gab er zur Antwort: Ich freue mich im Herrn![156] Jener sprach, er sey ja ein Mörder, wie er sich denn des Herrn JEsu freuen könne? Die-

---

155 Vgl. Mt 12,34; Lk 6,45.
156 Vgl. Phil 4,4.

ser versetzte: Ob er denn nicht wüßte, daß JEsus zwischen zween Mördern am Kreutze gehangen, und folglich auch der Mörder Heiland sey, ja ausdrücklich zu dem einen gesagt habe: Warlich, ich sage dir: Heute wirst du mit mir im Paradieß seyn![157] Eine andere Person fragte ihn zu eben dieser Zeit: Ritter, hat euch Gott Gewißheit der Vergebung der Sünden geschenkt? Ihr sehet munterer aus, als sonst. Er antwortete: Gott hat mich mit einem Gnadenblick aus Jes. 61, 10. Ich freue mich im HErrn, und meine Seele ist fröhlich in meinem Gott, erquicket: Wenn ich nur daran gedenke, lebet und freue sich mein Herz, gewiß [572] aber ist es noch nicht. Sie: Ist es nicht was herrliches, wenn sich der Herr JEsus der Seelen offenbaret? Die groben Ausbrüche der Sünden waren euch ja wol immer bekandt, und gleichwol hieltet ihr doch die Bekehrung für unnöthig. Er: Wenn man die Sünden nicht lebendig bekennet und fühlet, gehet es nicht. Der Herr N.N. hat mir oft hart zugeredet. Mein Herz wurde mir vielmal so gerühret, daß ich mit Ernst darüber weinete. Gleichwol aber war noch keine wahre Buße und Reue da. Das Herz blieb hart und unempfindlich. Sie: Ritter, sollte euer veränderter Sinn nicht noch manchen von euren Wächtern zur Aufweckung zum geistlichen Leben gereichen? Er: Er wünschte es von Herzen. Wollte sie auch gerne, wenn es möglich wäre, in seinen Armen zum HErrn JEsu tragen. Er sage es ihnen bey aller Gelegenheit, auf was für Art sie ihre Seelen erretten müßten. Nicht völlig acht Tage vorher, ehe ihm Gott gewisse Versicherung der Vergebung seiner Sünden geschenket, war er, seiner eigenen Aussage nach, die ganze Nacht in großer Freude. Die Gelegenheit dazu war folgende: Es besuchte ihn des Nachmittages einer von obbemeldten beyden Studen-

---

157 Lk 23,43.

ten. Dieser traf ihn über dem Gesangsbuche an, und fragte ihn: Was er da lese? Er antwortete: Ich habe ein schönes Lied, welches mich ungemein erfreuet. Es war aber das Lied: JEsus ist der schönste Nahm.[158] In solchem waren ihm die vielen herrlichen Namen des Herrn JEsu,[159] welche einen Bußfertigen kräftig reitzen können, zu ihm, als einem so schönen und süßen Heilande [573] zu kommen, sehr erwecklich. Der Student sagte zu ihm, weil es ihm so wohl gefiele, so wollten sie es mit einander singen, und hernach[160] ein wenig betrachten. Dieses ließ er sich von Herzen gefallen. Hierauf nahm der Student nach verrichtetem Gebet von ihm Abschied. Da er ihn nicht lange darauf an einem andern Abend nebst noch einem guten Freunde abermal besuchet, hat sich der sel. Ritter selbst wieder erinnert und erzehlet, wie sehr er durch obbemeldtes Lied noch an demselben Abend, für sich alleine, nicht nur von Gott zum Gebeth erwecket, sondern auch erquicket worden sey. Er wußte solches nicht genug zum Preise Gottes zu

---

158 Das Lied stammt aus der Feder von Johann Scheffler alias Angelus Silesius (1624–1677), einem zum katholischen Glauben konvertierten schlesischen Theologen. (Vgl. BBKL, Bd. 10, Herzberg 1995, S. 322–324), enthalten in: Johann Anastasius Freylinghausen: Geist=reiches Gesang= Buch (Halle, vierte Ausgabe 1708): Edition und Kommentar, hg. von Dianne Marie McMullen und Wolfgang Miersemann. Bd. 1, Teil 1, Tübingen 2002, S. 91 f. Das Lied ist noch lange in Gruppen der Erweckungsbewegung tradiert worden, so noch im Gemeinschaftsliederbuch [...] des Gnadauer Verbandes, Gießen 1983, Nr. 93.

159 Die Seele – so die Überschrift des Liedes bei Scheffler – „lobet die Fürtreffligkeit deß Nahmens JEsu"; in 9 Strophen wird – in bunter Reihenfolge – besungen, was „Jesus ist" und wirkt; in anderer Form fortgesetzt im nächsten Text („Sie preiset den Nahmen Jesu."). Siehe Angelus Silesius: Heilige Seelenlust, Reprint der fünfteiligen Ausgabe Breslau 1668, hg. von Michael Fischer und Dominik Fugger, Kassel u.a. 2004, S. 102–105.106–109. – Wohl nicht zuletzt durch Schefflers Lied angeregt haben viele pietistische Dichter solche Namenslisten bereimt, häufig in der Form von ABC-Liedern, darunter das bis heute bekannte „Jesus ist kommen, Grund ewiger Freude" von Johann Ludwig Konrad Allendorf (1693–1773), von „A und O, Anfang und Ende" bis „Zuflucht" (Str. 23), gekürzt enthalten im EKG 51 (8 Str.) und EG 66 (9 Str.).

160 *hernach:* danach, hinterher.

bekennen. Der andere gute Freund, so mit gegangen, hatte in Commißion,[161] nach dem Befinden seines durch den Klotz verwundeten Fußes zu fragen. Der sel. Ritter bezeugete, wie er solches wenig achte, sondern sey vielmehr froh, daß sie zu ihm kämen, mit ihm von etwas Gutem zu sprechen. Der Student sagte hierauf: Man könte ihm nun den einen Klotz wol gar los machen. Er würde doch nun nicht davon laufen, weil ihn Gott mit Seilen seiner Liebe[162] und Gnade gebunden; allein der sel. Ritter begehrete solches nicht, sondern bezeugete vielmehr, wie er ihn nun gar gerne bis auf seinen Erlösungstag behalten wollte. Es war dieses der Abend, da ihm Gott noch in selbiger Nacht die völlige Gewißheit der Vergebung seiner Sünde schenkte. Sein Herz war schon an diesem Abend ganz besondern von dem HErrn JEsu entzündet.[163] Die obbemeldeten beyden Freunde beteten wie sonst mit ihm, giengen weg, und [574] verliessen ihn ziemlich getröstet in seinen Ketten. Gegen 10 Uhr wurde sein Herz durch den Geist Gottes kräftig zum Gebet angetrieben. Er betete mit grosßer Glaubensfreudigkeit, und merkte, daß er Gott nun mehr als sonst zutrauen konte. Hierauf begab er sich ein wenig zur Ruhe. Sein Herz aber wallete ihm vom brünstigen Verlangen nach seinem Heilande, so daß er nicht schlafen konte. Er stund daher wieder auf, und legte sich abermal auf seine Knie, und bat Gott gar flehentlich, er möchte ihn doch von der Vergebung der Sünden recht gewiß machen. Sein Herz freue sich zwar Gottes, seines Heilandes;[164] allein es rege sich dabey noch in demsel-

---

161 *in Commißion:* in fremdem Auftrag.
162 *mit Seilen seiner Liebe:* Vgl. Hos 11,4.
163 *von dem HErrn JEsu entzündet:* Metapher für das Streben zu Gott, das Eindringen der Seele in Gott. Vgl. Langen, S. 264.
164 Vgl. Luk 1,47.

ben viele Schaam und Blödigkeit,[165] so, daß er sich mit seinem Glauben nicht recht zu ihm hintraue. Er solle doch solche Blödigkeit von ihm wegnehmen, damit er in Christo, seinem Sündentilger,[166] der alle seine Sünden getragen, und um deswillen er allein Gnade begehre, Freudigkeit empfahen möge, als ein Kind vor ihm, dem himmlischen Vater, ohne knechtische Furcht[167] und Zweifel, stehen zu können. Er wüßte gar wohl, daß er mit seinen Sünden Hölle und alle Strafen verdienet. Dabey wüßte er aber auch dieses aus seinem göttlichen Worte, daß den Sündern, so sich in Christo zu ihm naheten, alle Sünden, aus lauter Gnaden, frey und umsonst, vergeben werden sollten. Dieses und dergleichen begehrete er von seinem himmlischen Vater. Und siehe, da ward seine Seele so reichlich getröstet, daß er von nun an, vermöge der bevestigenden Gnade Gottes, mit voller Gewißheit glauben konnte, [575] Gott habe ihm nun alle seine Sünden vergeben, zu seinem Kinde in Christo[168] angenommen, und zum Erben des ewigen Lebens[169] gemacht. Hier fiel alle Angst, Noth und Furcht weg, und seiner Seelen ward über die maßen wohl. Zu dieser seiner Versiegelung brauchte Gott den Spruch Offenb. Joh. 21, 5. f.[170] dessen schon droben gedacht, und der dem sel. Ritter vorhin sehr erwecklich gewesen: Und der auf dem Stuhl saß, sprach: Siehe, ich mache al-

---

165 *Blödigkeit:* Verzagtheit, Schwäche, Schüchternheit. Vgl. Georg Stanitzek: Blödigkeit. Beschreibungen des Individuums im 18. Jahrhundert, Tübingen 1989.
166 Vgl. 1 Joh 1,9.
167 *knechtische Furcht:* Vgl. Georg Philipp Harsdörffer: Der Große Schauplatz Lust- und Lehrreicher Gedichte, 2. Bd., 7. Teil, Frankfurt und Hamburg 1667, S. 197: „Es ist aber eine kindliche Furcht / welche mit Ehrerbietung und Vertrauen beknüpffet ist / und eine knechtische Furcht / die von Erwartung der Straffen „... herkommet." Vgl. Röm 8,14–15.
168 *Kinde in Christo:* Vgl. 1Kor 3,1; Gal 3,26.
169 *Erben des ewigen Lebens:* Vgl. Tit 3,7; auch Röm 8,17; Gal 4,7; Jak 2,5; Offb 21,7.
170 genauer: Offb 21,5–7.

les neu. Und er spricht zu mir: Schreibe; denn diese Worte sind wahrhaftig und gewiß. Und er sprach zu mir: Es ist geschehen. Ich bin das A, und das O, der Anfang und das Ende. Ich will den Durstigen geben von dem Brunnen des lebendigen Wassers umsonst. Wer überwindet, der wird alles ererben, und ich werde sein Gott seyn und er wird mein Sohn seyn. Diese Worte hat ihm Gott unter dem Gebeth in seinem Herzen recht lebendig werden lassen, und seine ganze Seele damit erfüllet. Zugleich fiel ihm das Lied in das Gemüth: A und O, Anfang und Ende,[171] usw. und aus solchem sonderlich die Worte: Denk ich an des Lammes Weide, hüpfet mir mein Herz für Freude: Süße, süße wird sie seyn. Mein Lamm wird mit tausend Lachen mir die Himmelsthür aufmachen. Ach! käm ich noch heut hinein.[172] Die ganze Nacht war sein Herz voller Freude. Er sagte, es sey ihm gewesen, als wäre er schon im Himmel. Solche Freude hätte er gern andern und sonderlich denen, die ihn bisher aus Gottes Wort unterrichtet, kund thun [576] wollen. Er habe aber niemanden zu sehen bekommen. Des folgenden Tages, als am Mittwoche, war Wochenpredigt. Man führete ihn also gewöhnlicher maßen gegen halb 10 Uhr zur Kirche. Als er hinein kam, sah er vor angegangenem Gottesdienste jemanden, der ihn sonst auch oft im Gefängniß besuchet und mit ihm gebetet. Diesem lief er mit vollen Freuden, ohngeachtet seines

---

171 Das Lied ist von Adam Ludwig Giese (1704–1762). Erstveröffentlichung in: „Einige ganz neue Lieder zum Lobe des dreieinigen Gottes und zur gewünschten reichen Erbauung vieler Menschen", Cöthen 1736. Vgl. Eduard Emil Koch, Geschichte des Kirchenlieds und Kirchengesangs, Bd. 4, 3. Aufl. Stuttgart 1868, S. 441. Ebenfalls enthalten in „Stimmen aus Zion, oder: Erbauliche Lieder zur Verherrlichung Gottes und Erbauung vieler Seelen vermehrt herausgegeben", Erster Theil. Neuer unveränderter Abdruck. Aurich 1862. Vgl. Anm. 159.

172 *Denk ich an des Lammes Weide ...:* Es handelt sich um die elfte – in einigen Gesangbüchern nicht enthaltene – Strophe des Liedes „A und O, Anfang und Ende". Vgl. oben.

schweren Klotzes, so geschwinde entgegen, daß ihm die Wächter kaum folgen konnten, und sprach: Nun habe ich, was ich so lange gesuchet. Nun will ich gern sterben. Gott hat mich nun gewiß versichert, daß er meiner Sünden nicht mehr gedenken will.[173] Dabey bat er, es doch auch andern zu berichten, was GOtt an seiner Seele gethan. Nun war sein Mund recht geöffnet. Er floß beständig im Loben und Rühmen über.[174] Die Gerechtigkeit seines Heylandes, so ihm im Glauben zugerechnet und für eigen geschenket war, sahe er als seinen herrlichsten Brautschmuck[175] an. Er verglich das Ende seiner Bekehrung mit dem Enden der Bekehrung des verloren gewesenen Sohnes, Lucä 15.[176] und sprach: Auch mir hat der himmlische Vater das beste Kleid, den Rock seines Sohnes, angezogen.[177] Er hat mir einen Fingerreif an meine Hand,[178] das ist, den Heil. Geist, zur Versiegelung gegeben. Auch Schuhe an meine Füße[179] hat er mir geschenket, das ist, Kraft zum göttlichen Wandel. Denn im HErrn habe ich beydes Gerechtigkeit und Stärke. Dort fiengen sie an zu essen und fröhlich zu seyn. Ich geniesse nun auch die Gnadengüter in meinem Heilande, und bin fröhlich. In sich **[577]** war und blieb er arm.[180] Dabey wußte er aber doch, daß er in Christo herrlich wäre. Seine Sehnsucht, bald im Himmel bey seinem Heilande zu seyn, war sehr groß. Es

---

173 Vgl. Jer 31,34 u. ö.
174 Vgl. Mt 12,34.
175 Vgl. Jes 61,10. Vgl. ferner Karl Heinrich von Bogatzky: Köstlicher Brautschmuck einer gläubigen Seele, [Halle 1735].
176 Lk 15,11–32.
177 *Das beste Kleid, den Rock seines Sohnes:* vgl. Lk 15,22 f.: Der verlorene Sohn erhält bei seiner Rückkehr vom Vater „das beste Gewand" sowie einen Fingerreif, Schuhe und ein gemästetes Kalb zum Festmahl. Hier wird in übertragendem Sinne darauf hingewiesen, dass Ritter als verlorener Sohn zum Vater im Himmel, d. h. zum Glauben, zurückgekehrt ist.
178 *Fingerreif an meine Hand:* Lk 15,22.
179 *Schuhe an meine Füsse:* Lk 15,22.
180 Vgl. Lk 6,20.

blieb daher beständig sein Wahlspruch: Denk ich an des Lammes Weide, hüpfet mir mein Herz für Freude; Süße, süße, u.s.w.[181] Auf der Spur des Evangelii ist er auch bis ans Ende geblieben. Er lebte mit seinem Glauben in Christo und in der Vergebung der Sünden. †

> † Das Bleiben auf der Spur des Evangelii ist eine selige Sache. Wie leicht können begnadigte Seelen wieder unter das Gesetz kommen, und verlieren die vorige Klarheit; wenn nicht der Glaube des Sohnes Gottes ihr Element bleibt, in welchem sie beständig leben, Gal. 2, 20.[182]

Das Kleinod des ewigen Lebens war das Ziel, wornach er ernstlich lief. Seine Glaubensaugen[183] waren unverrückt darauf gerichtet. Er fühlete zwar die Sünde, der Wurzel nach, noch in sich; allein, die Freude am HErrn war seine Stärke,[184] solche überwinden zu können. Er pflegte zu sagen: Er bäte GOtt noch immer um seinen Heil. Geist, daß er ihm die Sünde immer mehr überwinden helfe. Das angefangene Gnadenwerk Gottes[185] gieng in seiner Seele herrlich fort. Man hat nicht nöthig gehabt, ihn im geringsten zu erinnern. Die, so ihn zu besuchen pflegten, hatten mehr Erweckung von ihm, als Arbeit mit ihm. Er trieb sich selbst durch die Kraft der Gnade Gottes mehr, als ihn andere treiben konnten. †

> † Ach! wenn doch alle Gläubigen so gesinnet wären!

---

181 Vgl. Anm.172.
182 Gal 2, 20: „Ich lebe aber; doch nun nicht ich, sondern Christus lebt in mir. Denn was ich jetzt lebe im Fleisch, das lebe ich in dem Glauben des Sohnes Gottes, der mich geliebt hat und sich selbst für mich dargegeben."
183 Vgl. Anm. 143.
184 Vgl. Neh 8,10.
185 Als Gnadenwerk Gottes wird des Öfteren die Bekehrung eines Delinquenten bezeichnet. Vgl. z. B. Kurze Nachricht von dem Gnadenwerk Gottes in Bekehrung einer Kindermörderin Anna Maria Renner, aufgesetzt von J. H. P., Greitz 1752; Das Gnadenwerk Gottes in Bekehrung einer Kindermörderin Anna Elis. Schultzin, 1747.

Man merkte nach seiner Bekehrung beständig ein freudiges und getrostes Herz an ihm. Vor **[578]** Tod und Strafe fürchtete er sich nicht. Er sagte oft: Warum sollte ich mich vor dem Tode fürchten? Ich habe ja Vergebung der Sünden! Es kann ohnedem über eine halbe Stunde nicht währen.[186] Er sahe seinen Todestag in Christo als einen Erlösungs- und Hochzeits-Tag[187] an. Ein solches Herz hatte er sich in der Buße schon ausgebeten. Und siehe, Gott hat es ihm gewähret. Einer von den Predigern fragte ihn: Wie er sich denn verhalten würde, wenn ihm Se. Hochfürstl. Durchl. das Leben schenkten, ob er auch wieder die Welt lieb gewinnen wollte? Er antwortete: Das können Se. hochfürstl. Durchl. nicht, wenn sie es auch thun wollten. Denn es wäre wider Gottes Gebot, als der 1. B. Mos. 9. spricht: Wer Menschenblut vergeußt, des Blut soll auch durch Menschen vergossen werden! Und ich wollte auch viel lieber sterben, als die Welt wieder lieb gewinnen. Eine andere Person sprach zu ihm: Ritter, ist denn in den Wunden des HErrn JEsu zu ruhen,[188] so gut, als ihr es vermuthet? Er antwortete: Ja, viel herrlicher, als ich gedacht habe! Nun will ich meinen Leib gern zum Tode hingeben. Sie: Habt ihr denn sonst noch nicht so gerne sterben wollen? Er: Es schauderte mich immer dafür, wenn ich daran gedachte, ob ich mir es auch gleich leicht zu machen suchte. Nun ich aber gewiß weiß, daß mich der Herr JEsus, mein Hirt und Lamm, mit Freuden aufnimmt, will ich die Leibesschmerzen, die ich wohl verdienet, gern ausstehen. Noch weniger kehrete er sich daran, wenn er hörete, daß böse Leute so und so auf ihn lästerten. Als er einst vernahm, wie **[579]** man ihm an einem gewissen Orte dies und das Schuld gegeben, sagte er freudig:

---

186 Gemeint ist die Vollstreckung des Todesurteils.
187 Vgl. Apk 19, 7.
188 *in den Wunden des HErrn JEsu [...] ruhen:* Hier handelt es sich um eine typisch pietistische Sprachformel. Vgl. Langen, S. 286 f.

Mag mich gleich die Welt nicht kennen, will ich doch GOtt Vater nennen![189]

Man merkte an ihm ferner eine besondere Treue in Absicht auf die empfangene Gnade. Er wußte solche nicht hoch genug zu schätzen. Daher bewahrete er sie auf das sorgfältigste. Seinen Erbarmer[190] konte er nicht genug dafür loben. Unzehlich sagte er: Seele, vergiß nicht, was dir dein JEsus Gutes gethan hat.[191] Hinten her sahe er nun erst mit voller Verwunderung, wie es Gott mit ihm so gut gemeynet und gemachet. Er sprach einst: Wir sind drey böse Leute gewesen, (meynte sich und die beyden Ermordeten) GOtt hat es zugelassen, daß ich jene entleibet, weil er etwan wol gesehen, daß sie sich nicht bekehren möchten.[192] Mich hat er hiedurch noch zu sich gezogen, damit er von uns dreyen doch noch einen bekäme; war er[193] vorher eifrig im Gebeth und hungrig nach Gottes Wort, so war er es nach seiner Bekehrung gewiß nicht weniger. †

† Das klingt doch wohl besser, als wenn man zu manchen begnadigten Seelen sagen muß: Ihr seyd schon satt worden, ihr seyd schon reich worden, ihr herrschet ohne uns. 1. Cor. 4, 8.[194]

---

189 Zitat aus dem gleichen Lied von Giese wie bei Anm. 171; im Orig. „kann" statt „will". Str. 21: „Mag mich gleich die Welt nicht kennen, kann ich doch GOtt Vater nennen; wie sein Geist mir Zeugniß giebt. O wie sehn' ich mich zu sterben, denn ich soll als Kind beerben meinen Vater, der mich liebt." Zit. nach „Stimmen aus Zion", Aurich 1862, Nr. 10, Zitat hier S. 15. Vgl. 1. Joh 3,1.

190 *Erbarmer:* vgl. Jes 49,10; 54,10; Jak 5,11.

191 Vgl. Ps 103, 2.

192 Ritter sieht sich hier anscheinend als ein Werkzeug Gottes. Die göttliche Vorsehung, in deren Auftrag er glaubt, gehandelt zu haben, scheint den Tod des Bauernehepaars zu rechtfertigen. Der Text enthält keinerlei Anhaltspunkte über die besondere Sündhaftigkeit des Bauernpaares; es ist lediglich einmal von „Geiz" die Rede, ohne dass dieser näher erläutert wird. Allerdings wird das Fluchen des Bauern angesichts des Todes als schwere Sünde angesehen. Vgl. Anm. 26, 31.

193 Gemeint ist hier Ritter.

194 Der Vers 1. Kor 4,8 lautet in Gänze: „Ihr seid schon satt geworden, ihr seid schon reich geworden, ihr herrscht ohne uns; und wollte Gott, ihr herrschet, auf daß auch wir mit euch herrschen möchten!"

Seine Seele beschäftigte sich ganz unermüdet mit dem Guten. Man fand ihn bey dem Besuche selten anders, als daß er entweder betete, las, sang, oder die Wächter ermahnete. Seine Liebe gegen Gott und seine Kinder wußte er nicht genug an den Tag zu legen. Sie war gewiß recht zärtlich. Er konte des Umganges der Kinder Gottes[195] zu seiner **[580]** Erweckung nicht satt werden. In solcher Liebe reichte er auch dar die gemeine und Feinde Liebe.[196] Er liebete dieselben, welche die Gnade, so ihm Gott erzeigete, mit scheelen Augen[197] ansahen. Er betete für sie ganz ernstlich und pries ihnen, so ofte er in Gelegenheit hatte, die herrliche Gnade Gottes in Christo zu ihrer Bekehrung nachdrücklich an. †

> † Abermal ein Beweis, daß errettete Sünder nach der Errettung anderer ein sehnliches Verlangen haben. Wer das schlechthin für Bekehrsucht[198] ausgiebt, der hat sich vielleicht selbst noch nicht bekehret.

Der Tag seines Todes wurde ihm von einem Prediger eine Woche vorher auf hohen Befehl kund gemacht. Man merkte bey solcher Ankündigung nicht die geringste Bestürzung, vielmehr war er ganz getrost, und freuete sich auf den völligen Genuß der ewigen Seligkeit. JEsum und seine blutige Wunden umfassete[199] er so viel fester. Seinen versöhnten Vater in Christo bat er inständig, daß er ihm seinen Todestag zu einem rechten

---

195 *Kinder Gottes:* Röm 8,14.
196 *Feindesliebe:* Vgl. Mt 5,44.
197 *mit scheelen Augen ansehen:* mit Neid, mit Missgunst ansehen. Vgl. Mt 20,15.
198 *Bekehrsucht:* Vermutlich handelt es sich hier um einen Verweis auf aufklärerische Polemik. Der Vorwurf der „unzeitgemäßen Bekehrsucht" wurde gegen die Pietisten im 18. Jahrhundert des Öfteren erhoben.
199 *seine blutigen Wunden umfassete er:* Die Wunden Christi sind eine im Pietismus, vor allem in der Herrnhuter Brüdergemeine oft verwendete Bildlichkeit.

Hochzeitstag[200] machen möge, damit er sich als ein Gerechter auch im Tode getrost beweisen, und die Welt an seinem Exempel sonnenklar sehen könne, wie wahre Bekehrung nicht Menschen- sondern Gottes-Werk sey. Unter andern trug er Gott auch fleißig im Gebeth vor, daß er doch seinen Tod an andern Geistlichtodten[201] zu ihrer Erweckung segnen wolle. Er sprach: Mein Gott und Vater, ich habe zwey Menschen ermordet: Segne doch meinen Tod dazu, daß wenigstens zwey Geistlichtodte in wahrer Bekehrung zum geistlichen Leben gelangen mögen. Und man muß zum **[581]** Preise Gottes sagen, daß er reichlich ist erhöret worden. Manches ist jetzo schon offenbar. Wer weiß, was die zukünftige Zeit, oder doch der Tag des Herrn[202] hiervon noch entdecken wird.

Eine gewisse Person sprach zu ihm: Ritter, nun sollet ihr bald zum Anschauen des HErrn JEsu kommen! Er antwortete: Ja, Gottlob! nun bitte ich auch nichts mehr, als daß mir nur JEsu Gnadengegenwart[203] recht groß im Herzen seyn und bleiben möge, damit meine Todesstunde auch andern gesegnet werde. O! könte ich doch Gott an einem jeden Finger eine Seele zuführen! In solchen letzten Tagen wurde er noch immer fleißig von Knechten und Kindern Gottes besuchet, und auf seinen bevorstehenden Tod mit göttlichem Worte unter Gebeth und Flehen gestärket. Den Tag vor seinem Tode

---

200 Vgl. Anm. 149, 187.
201 Als Geistlichtote werden diejenigen bezeichnet, die sich den weltlichen Dingen hingeben und sich höchstens noch äußerlich an religiösen Riten beteiligen; aus pietistischer Sicht sind es die bisher Nicht-Erweckten. Vgl. Eph 2,4.
202 *Tag des Herrn:* das Jüngste Gericht vgl. Jes 2,12; Joel 1,15; 2,1; 2,11; 3,4; Ob 1,15; Zef 1,14; Mal 3,23; 1 Thess 5,2; 2Thess 2,2; Offb 1,10.
203 *Gnadengegenwart:* Vgl. Philipp Jakob Speners Predigt über 1Kor 6,19, in: Philipp Jakob Spener, Predigten über des seeligen Johann Arnds Geistreiche Bücher Vom wahren Christenthum, Teil III, Frankfurt/M. 1711, S. 13.

überschüttete ihn GOtt nochmals mit einem grossen Maaß der geistlichen Freude. Gewiß, seine Seele war ganz voll und trunken davon. Sein Mund floß reichlich über gegen alle, so ihn besuchten. Er sagte unter andern des Abends bey seiner letzten Mahlzeit[204] mit freudigen und lächelnden Gebehrden: Nun wird mein Hochzeittag[205] bald kommen. Morgen um diese Zeit werde ich mich an dem seligen Orte bey meinem Heilande befinden! Man hörete von ihm nicht das geringste Klagen, sondern lauter Loben. Es ist bey seinem Lebzeiten davon nichts aufgeschrieben, und folglich gar vieles aus der Acht gelassen worden, weil man nicht gemeynet, daß solches durch den Druck bekandt gemacht werden sollte. Man hat daher nur so viel [582] aufgesetzt, als man sich noch ganz gewiß erinnern können. †

> † Daß aber dieses aufzuschreiben der Mühe werth sey, bezeuget der 102. Psalm v. 18. 19. Er wendet sich zum Gebeth der Verlassenen, und verschmähet ihr Gebet nicht. Das werde geschrieben auf die Nachkommen: Und das Volk, das geschaffen soll werden, wird den HErrn loben.

Er wollte die letzte Nacht für Freuden nicht zu Bette gehen, sondern sie mit andern im Lobe Gottes zubringen. Da man ihm aber vorstellete, wie es besser sey, daß er ein wenig schliefe, so beschäftigte er sich doch bis gegen Mitternacht im Lobe GOttes. Darauf ruhete er wenige Stunden; stund Morgens um 4 Uhr wieder auf, ließ sich zu seinem Tode ankleiden, und aß ein wenig Suppe. Hierauf wurde er ein wenig herausgeführt. Im Hause begegnete er jemanden. Da sprach er: Der Herr Jesus gebe mir heute grosse Kraft, ich habe sie heute beson-

---

204 *seiner letzten Mahlzeit:* es handelt sich hier offenbar um die sog. Henkersmahlzeit.
205 Vgl. Anm. 149.

ders nöthig! Dem Volke, so sich schon am dunkeln Morgen vor dem Hause versammlet hatte, bot er einen guten Morgen, und sagte zu ihnen: Kinder! heute ist mein Hochzeitstag![206] Um 5 Uhr kam einer von den Predigern[207] zu ihm, und fand ihn noch in voriger Freudigkeit zu sterben. Es störete ihn nicht das Volk, so bald am frühen Morgen an die Fenster drang, sondern seine ganze Seele war schon in die Ewigkeit gerichtet. Er sagte ein schönes Lied nach dem andern, so man mit ihm singen sollte. Sein Mund redete mehr, als ihm der Prediger zureden konte. Man ist nicht vermögend, solches alles zu erzehlen. Es wurde ihm an solchem Morgen nochmals das heilige Abendmahl gerei-[583]chet. Denn er hatte es schon eine kurze Zeit vorher, bald nach der empfangenen Versicherung der Vergebung seiner Sünden mit großer Dankbarkeit gegen seinen Heiland genossen. Er hatte sich anfänglich gescheuet, solches vor dem Tage seines Todes zu fordern, weil er gemeynet, daß man dieses dergleichen armen Sündern nicht eher, als am Tage des Todes, genießen lasse. Da man nun seinen Hunger darnach merkte, und es ihm gereichet wurde, war es seiner Seelen so viel erquicklicher. Er preisete dabey Gott herzlich, daß er nun, nach so oftmaligen unwürdigen Gebrauch des heiligen Abendmahls, gewiß wüßte, daß er es würdig und zum Segen seiner Seelen ge-

---

206 *mein Hochzeitstag:* der Tag meines Todes. Die Bewillkommnung des Todes als des ersehnten Moments der Vereinigung mit dem Bräutigam Jesus ist (in allegorischer Übertragung des Gleichnisses von den klugen und törichten Jungfrauen Mt 25 und in üppiger brautmystischer Ausmalung) im pietistischen Reden sehr geläufig. Es kombiniert Mt 25,10 „kam der Bräutigam; und die bereit waren, gingen mit ihm hinein zur Hochzeit" und Mt 12,13 „Darum wachet! Denn ihr wisset weder Tag noch Stunde". Diese Bildschicht ist z.B. tragend in der in dieser Edition nachfolgenden Bekehrungsgeschichte der Anna Martha Hungerlandin. Vgl. Anm. 149, 187.
207 *einer von den Predigern:* entweder Pastor Schmidt oder Pastor Hövet. Vgl. Anm. 209, 210.

nösse.[208] Da er es das letztere mal, nach vorhergegangenem herzlichem Gebeth, mit grosser Ehrfurcht empfangen, so verzog es sich darauf, vorgefallener Hindernisse halber, mit seiner Abholung zum Gerichte etwas länger, als man es angesetzt. Daher wurde ihm die Zeit, aus Begierde bald bey seinem Heilande zu seyn, selbst lange, und sprach zu dem Prediger: Ey sie haben mich ja früh hinbringen wollen!

Endlich traten die beyden Prediger, Herr Pastor Schmidt[209] und Herr Pastor Hövet,[210] so ihn auszuführen beordert waren, herein. Sie sprachen ihm zu, wünscheten ihm Gnade und Kraft, und er empfieng sie freudig. Einer erinnerte ihn bey dem Eintritt seines Namens, da er Ritter hiesse. Gott möge ihn doch stärken, daß er sich heute ritterlich halte. Der andere Prediger redete ihn unter andern also an: Ich habe euch müssen

---

208 Die Panik, das Abendmahl unwürdig, ohne vollständige Buße, zum ewigen Verderben der Seele genommen zu haben, ist in pietistischen Selbstzeugnissen verbreitet. Vgl. als krasses Beispiel den Bericht von Samuel Schumacher in Johann Henrich Reitz: Historie Der Wiedergebohrnen, III,15. Zuerst [Offenbach] 1701.Vollst. Ausg. der Erstdrucke, hg. v. Hans-Jürgen Schrader, (Deutsche Neudrucke. Barock, 29), Bd. 1, Teil III, Tübingen 1982, S. 215–236.

209 Jakob Schmidt (1701–1777) stammte aus der Nähe von Wernigerode und gehörte neben den Pastoren Hövet und Ehrenpfort zu den pietistischen Geistlichen, die von Prinzessin Augusta von Mecklenburg-Güstrow nach Dargun berufen wurden. (Vgl. Peschke, Der Pietismus in Dargun, S. 87). Er war von 1733–1759 Pastor in Levin (unmittelbar südwestlich von Zarnekow, ca. 3 km östlich von Dargun gelegen) und von 1759 bis zu seinem Tod Pastor in Gnoien (ca. 15 km nordwestlich von Dargun). Die Prinzessin bezahlte Schmidt zunächst aus eigenen Mitteln, da das Gnadenjahr der Witwe seines Vorgängers noch nicht abgelaufen war. Auch später, als Schmidt in der Landwirtschaft tätig wurde, unterstützte sie ihn finanziell mit beträchtlichen Mitteln. (Vgl. Gustav Willgeroth, Die Mecklenburg-Schwerinschen Pfarren seit dem dreißigjährigen Kriege, Bd. 1, Wismar 1924, S. 268, 569).

210 August Hövet (1706–1775) war der Sohn des Pagenhofmeisters der Prinzessin, von 1733 bis 1752 Pfarrer in Groß Methling bei Dargun und von 1758 bis 1768 Pfarrer in Dargun, danach in Röcknitz. Hövet stand offenbar hoch in der Gunst der Prinzessin und wurde von ihr mit vielen Geschenken bedacht. Seine Hochzeit ließ sie auf dem Darguner Schloss ausrichten. Auch ein neues Pfarrhaus wurde für ihn errichtet. (Vgl. Willgeroth, Die Mecklenburg-Schwerinschen Pfarren, S. 549, 572).

den Tag des Todes ankündigen, nun komme ich auch euch den Tag des **[584]** ewigen Lebens anzukündigen. Darauf trat der Schließer hinzu, und öfnete ihm die Schlösser an seinen Ketten. Der selige Ritter half ihm treulich, und machte sich selbst gar eilfertig los, und davon. Ehe er aus dem Gefängnisse gieng, sorgte er noch fleißig dafür, daß die, so ihm Bücher geliehen, solche richtig wieder bekommen möchten. Im Herausgehen sagte der eine Prediger zu ihm: Er würde draußen viel Volk erblicken! Er antwortete: Diese können mir nicht helfen! Und zugleich sprach er: Nun will ich in JEsus Namen gehen! Er nahm mit grossem Bedacht von den Bekandten, auch die in der Nachbarschaft wohneten, ganz freundlich Abschied. Er gieng mit ungemeiner Freude, unter Begleitung der beyden Prediger, auf den Urtheilsplatz, welches ihm schon damals blinde Leute für Frechheit auslegen wollten. †

† Wo der rechte Christus ist, da müssen auch Lästerer seyn.

Hier gestund er auf Befragen nochmals seine begangene Mordthaten.[211] Als ihm sein Urtheil vorgelesen wurde, sprach er: Das betrift nur meinen Leib, aber nicht meine Seele; der wird kein Leid wiederfahren.

Weil der Richtplatz weit entfernet,[212] so wurde er nebst den zwey Predigern auf einen Wagen dahin gefahren. Auf solchem Wege stärkete und erquickte er sich nicht nur an dem Zuspruche der Prediger, sondern auch an manchen erbaulichen Liedern. Unter andern ergötzete er sich gar sehr an dem Liede: Fort, fort, mein

---

211 Es war üblich, dass dem Delinquenten vor der Vollstreckung des Todesurteils Fragen nach seiner Schuld, Reue und der Rechtmäßigkeit des Prozesses gestellt wurden.
212 Offenbar ist der Platz der öffentlichen Urteilsverkündung und der Vollstreckung („Rabenstein") nicht identisch. Dies mag daran gelegen haben, dass der Delinquent nach dem Tod noch zur Schau gestellt werden sollte.

Herz, zum Himmel usw.,[213] dessen Versicul[214] sich alle mit diesen Worten endigen: Fort, fort zum Lämmlein zu! Welche letztere Worte **[585]** er auch mit freudigen Geberden einigen dem Wagen nachfolgenden Bekandten zurief. Die Zeit währete ihm recht lang, ehe er zum Richtplatz kam. Daher fragte er unterschiedliche mal, ob er noch nicht bald hin wäre? Die Prediger, so ihn begleiteten, hatten gar keine Mühe, ihm Trost zuzusprechen. Er gestund zwar auf Befragen, daß die Todesfurcht Anfälle thäte; allein er überwinde durch die Gnade leicht und weit. Nicht eine traurige Geberde wurde auf dem ganzen Wege an ihm gemerket. Die Prediger hatten gleichsam eine Braut bey sich in dem Wagen, die ihrem Bräutigam unter tausend Freuden entgegen fuhr.[215] Denn seine ganze Gestalt war fröhlich. Da man mit dem Wagen nahe vor dem Gerichtsplatze stille hielte, und die Prediger mit ihm abstiegen, sprach er: Wo ist denn mein Platz, da ich meinen Heiland noch einmal loben kann? Bey dem Absteigen rief ihm eine gewisse Person zu: Ritter, im HErrn habe ich Gerechtigkeit und Stärke![216] Er antw. O ja, im HErrn habe ich Gerechtigkeit und Stärke.

In dem Gerichtsplatze fragte ihn einer der Prediger: Ob er die Bekehrung, so ihn bisher aus Gottes Wort gelehret worden, für die wahre halte? Darauf antwortete er: Ja! Ob er der in dieser Ordnung erlangten Vergebung der Sünden noch gewiß sey? Er antwortete wieder: Ja! Ob er auch auf solchen Glauben, den er in der

---

213 Das Lied „Fort, fort, mein Herz, zum Himmel" stammt von Johann Ludwig Konrad Allendorf (1693–1773), einem Schüler August Hermann Franckes. Er war u. a. der Herausgeber der „Cöthnischen Lieder", 3 Bde., 1736, 1744, 1768. Vgl. BBKL, Bd. 1, Hamm 1990, Sp. 121.
214 *Versicul:* Strophen.
215 Neuerliches brautmystisches Bild für den ersehnten nahen Tod, vgl. Anm. 206.
216 Jes 45,24.

Ordnung einer wahren Bekehrung erlanget, mit Freuden zu sterben gedächte: O ja! Hierauf redeten ihn nochmals die Prediger an, und hielten ihm sonderlich Joh. 10, 27. f. vor:[217] Meine Schafe hören meine **[586]** Stimme, und ich kenne sie, und sie folgen mir; und ich gebe ihnen das ewige Leben; und sie werden nimmermehr umkommen, und niemand wird sie mir aus meiner Hand reißen. Der Vater, der sie mir gegeben hat, ist grösser denn alles, und niemand kann sie aus meines Vaters Hand reißen. Ich und der Vater sind eins. Nach kurzer Erklärung wurde die Application[218] auf den scl. Ritter gemacht. Sonderlich wurde er hieraus versichert, daß der himmlische Vater nebst seinem Sohne, JEsu Christo, alle seine göttliche Kraft gewiß anwenden werde, ihn auch in der Stunde des Todes zu erhalten. Da dieses geschehen, fiel der arme Sünder auf seine Knie, und that ungemein beherzt, munter und freudig noch ein Gebeth. Gott schenkte ihm ausnehmende Gnade dazu. Alles, was er betete, war von besonderer Kraft und Nachdruck. Er redete alles mit gutem Bedacht und der besten Fassung. Er hielte in solchem Gebeth eine ziemliche Zeit an. Es wäre zu wünschen, daß man es, um des besonderen Nachdrucks willen, von Wort zu Wort hätte auffangen können. Der Hauptinhalt war ohngefehr folgender: 1) Ein demüthiges Bekenntniß seiner an zwo Personen verübten Mordthaten. 2) Eine Glaubensvolle Bezeugung, daß ihm Gott um Christi willen nicht nur diese, sondern auch alle andere Sünden, gewiß vergeben. 3) Ein Lob Gottes für diese erzeigte herrliche Gnade. 4) Eine willige Ergebung in die Strafe der weltlichen Obrigkeit. 5) Eine Fürbitte für Bußfertige. Gott möchte ihnen doch rechten Ernst schenken.

---

217 Es handelt sich bei dem zitierten Abschnitt um Joh 10, 27–30.
218 Vgl. Anm. 84.

Denn man könne bald zur **[587]** Gewißheit der Vergebung der Sünden gelangen, wenn man nur durch die
Gnade GOttes allem recht absage, und seine Zuflucht
allein zu den Wunden des HErrn JESU nehme. †

> † Hörest du es, träge Seele? Wie lange willst du noch in deiner
> Ungewißheit zaudern?

6) Eine recht herzliche Fürbitte für die Gläubigen, daß
sie Gott doch ja bis an ihr Ende im Glauben erhalten
wolle. Dabey ließ er zu wiederholten malen einfließen:
Ach! du lieber Heiland, es ist doch gar zu süße bey dir.
7) Eine wehmüthige Klage, daß er so viele starre Knie
vor sich sehen müßte, die sich vor dem HErrn JEsu
nicht beugen wollten.[219] Wie elend würde es ihnen dereinst ergehen, dafern sie die Gnadenzeit nicht noch auszukauffen[220] suchten. 8) Eine recht zärtliche und überaus Freudenvolle Uebergabe seiner Seelen in die Hände
Gottes und seines Heilandes. Nun ist mein Hochzeittag,[221] sprach er. Nun währet es nicht mehr lange. Die
Engel kommen schon und wollen mich holen. Der
Brautwagen ist da, auf welchem ich zu meinem Bräutigam übergehen soll, usw.

Darauf betete einer von den Predigern, und übergab
den lieben Ritter in die Hände des Dreyeinigen GOttes.
Bey dem Aufstehen vom Gebet sprach eben derselbe
Prediger zu ihm: Sey getrost, mein Sohn! Worauf der
sel. Ritter mit fröhlichem Angesichte hinzufügte: Deine
Sünden sind dir vergeben![222] Seine Kleider und Schuhe
zog er sich selbst aus. Und als er nun im Begriff war, auf

---

219 *starre Knie [...] nicht beugen:* vgl. Ps 22,30; Jes 45,23; Röm 14,11; Phil 2,10.
220 *Gnadenzeit [...] auszukauffen:* vgl. Eph 5,16; Kol 4,5.
221 Vgl. Anm. 149, 205, 206.
222 *Sey getrost [...] vergeben:* vgl. Mt 9,2. Ritter vergibt nicht etwa dem Geist-
     lichen die Sünden, sondern führt dessen Bibelzitat fort.

den Platz zu gehen, wo er gerädert werden sollte, wurde er noch einiger gewahr, welche ihm oft [588] zugesprochen und mit ihm gebetet. Zu solchen gieng er noch vorher, gab ihnen die Hand, und nahm Abschied. Darauf sprach er: Wenn mein Stündlein vorhanden ist, usw.[223] und legte sich mit diesen Worten selbst als ein Lamm[224] auf den hiezu bereiteten Platz. Seine Arme und Füsse streckte er selbst aus. Die Augen aber tat er zu, ohne Zweifel darum, damit er sein nach der Seligkeit recht brennendes Herz desto besser vor allen Zerstreuungen bewahren möchte. Der Scharfrichter meynte, er thäte solches aus Furcht, und sagte daher zu ihm, er solle sich nicht fürchten, und seine Augen nur aufthun. Der sel. Ritter schlug seine Augen ganz frölich auf, und sprach zum Scharfrichter: O ja, ich darf meine Augen wol aufthun; denn ich sterbe in JEsus Nahmen. Dieses waren seine letzten Worte. Darauf gieng sofort die Execution an, mit welcher man zugleich zu singen anfieng: Wenn ich einmal soll scheiden, so scheide usw.[225] Er empfieng etwan 17 bis 18 Stösse mit dem Rade, und gab hiermit seinen Geist auf. Der Körper wurde auf ein erhöhetes Rad geflochten.

Die Urtheile, so man über seinen Tod gefället, waren unterschiedlich. Einige sprachen: Der hat warlich ein herrlich Ende genommen! Wir haben noch keinen armen Sünder so freudig sterben gesehen! Man muß gestehen, es ist etwas besonders. Sehr viele vergossen dabey häufige Thränen, und bezeugten hiermit, was ihnen dieser Tod für einen Eindruck in ihrem Gemüthe

---

223 Das Lied ist von Nikolaus Herman (ca. 1500–1561), in: Freylinghausen: Gesangbuch, Bd. 1, Teil 2, S. 821 (EG 522).
224 Vgl. Jes 53,7; Jer 51,40; Joh 1,29; 1,36; Apg 8,32; Röm 8,36; Offb 5,6; 5,12; 13,18.
225 Es ist die vorletzte Strophe von „O Haupt voll Blut und Wunden" von Paul Gerhardt (1607–1676) (EG 85).

gegeben. Andere sagten: Sehet, wie sich der Kerl so frech hingiebet! Andere: Wo der die Frömmigkeit herkriegt, möchte ich wol wissen! Noch andere: Es muß viele Mühe gekostet haben, ihn ein so langes Gebeth zu lehren.[226] Darum hat er wol so lange sitzen müssen. Er hat vielleicht das Gebet nicht fassen können, u.s.f. So unbekannt ist leider! der Geist des Gebets in der christlichen Kirche worden. Es gieng also auch hierdurch böse und gute Gerüchte.[227]

Der Name des HErrn sey gelobet.[228] Groß sind seine Werke; wer ihr achtet, der hat eitel Lust daran.[229] Er lasse das Gedächtniß dieses Gerechten im Segen bleiben. Amen!

---

226 In den Äußerungen der als Ungläubige kritisierten Spötter spiegeln sich Bedenken wider, welche nicht allein die aufrichtige Bekehrung in Frage stellen, sondern auch den Zweifel zum Ausdruck bringen, ob eine sprachlich so perfekte Wiedergabe theologischer Argumente und Formeln eines von seinem Herkommen her sprachlich nur begrenzt ausdrucksfähigen Mörders nicht vielleicht eher Indiz einer perfekten Einübung durch die begleitenden Geistlichen als Zeichen einer profunden Bekehrung sein könne. Schon in pietistischer Zeit wurde deutliche Skepsis gegenüber der geistlichen Interpretation solcher Beispielgeschichten geäußert. Sichtbar wird das Spannungsfeld zwischen der pietistisch-gläubigen Argumentation vom Gnadenwirken Gottes in der Seele und einer auf Erfahrung gegründeten innerweltlich-rationalistischen Anthropologie.
227 2Kor 6,8.
228 Vgl. Hiob 1,21 („Der HERR hat's gegeben, der HERR hat's genommen; der Name des HERRN sei gelobt!")
229 Ps 111,2; Offb 15,3.

JESUS nimmt die Sünder an.

Der Glaube an Jesum macht mich getrost.

Mein Heiland hat noch größere Pein um meinetwillen erduldet.

Des Lammes Weide ist meine Freude.

Mein Hertz jauchzet vor Freuden.

O Abgrund göttlicher Liebe und Erbarmung!

Wie der Heiland das Verlohrne suche, finde, und selig mache[230],
an dem
erbaulichen Exempel
Annen Marthen Hungerlandin, von Riethnordhausen,[231]
(Welche am 1. Nov. 1737. im Hochfürstl. Sachsen-Eisenachischen Amte Grossen-Rudestedt,[232] darum, daß sie an das von ihr in Unehren erzeugte Kindlein[233] Hand geleget, justificiret[234] worden,

und

auf eine sehr merkwürdige und erbauliche Art, bey inniger Freude ihres Herzens, und süßen Vorschmack des ewigen Lebens, in den Himmel eingegangen,)

gezeiget,

und zu allgemeiner Erbauung dem Druck überlassen von

Matthias Michael Kümmelmann,[235]

Diac. zu Neumark,[236] und Pastor zu Thalborn.[237]

Leipzig, bey Samuel Benjamin Walther.[238] 1738. *

---

*   Der Bericht findet sich in dem Sammelband „Der Schächer am Kreutz. Das ist, Vollständige Nachrichten von der Bekehrung und seligem Ende hingerichteter Missethäter", Bd. 1, 5. Stück, Exempel 8, hrsg. von Ernst Gottlieb Woltersdorf, Budißin (Bautzen) und Görlitz ²1761 (1. Aufl. 1753).

230   Vgl. Lk 19,10: „Denn der Menschensohn ist gekommen, zu suchen und selig zu machen, was verloren ist."

231   *Riethnordhausen:* eine ca. 16 km nördlich von Erfurt und etwa 10 km westlich von Großrudestedt gelegene Gemeinde.

232   *Grossen-Rudestedt:* heute Großrudestedt, ca. 20 km nordöstlich von Erfurt gelegen, gehörte zum Fürstentum Sachsen-Eisenach, das durch Erbteilungen im ernestinischen Teil Sachsens entstanden war und dessen Linie 1741 ausstarb. In Großrudestedt, das Anfang des 18. Jahrhunderts etwa 600 Einwohner hatte, war das Amtsgericht. Vgl. Gerhard Köbler: Historisches Lexikon der deutschen Länder. Die deutschen Territorien vom Mittelalter bis zur Gegenwart, 7. Auflage, München 2007, S. 597 f.

233   […] *das von ihr in Unehren erzeugte Kindlein:* ein uneheliches Kind.

234   *justificiret:* hingerichtet; vgl. Anm. 154.

235   *Matthias Michael Kümmelmann* (1707–1767) studierte in Jena und war ab 1729 Pastor in Capellendorf bei Weimar, von 1731 bis 1739 Diakon zu

[334]
Kurze Vorerinnerung an den Leser.

Ich war vor dem erbaulichen und freudigen Ende dieser
von JESU gesuchten und selig gemachten Sünderin des
festen Vorsatzes, sofort nach geschehenem Streich,[239]
eine kurze Anrede an die volkreiche Versammlung zu
halten, wozu ich denn auch sowol Erlaubniß, als Freudigkeit empfangen; alldieweilen aber die liebe Anna
Martha vor, bey, und in ihrem Sterben sich also bezei-
gete, daß jederman vom anwesenden Volke sich nach
Wunsch erbauen konnte: so stunde ich billig von meinem Vorhaben ab, bevorab da ich befürchtete, es dürfte
die Frucht dieser beweglichen Todespredigt, durch
[335] meine Rede, mehr gehindert, als befördert werden, oder, wie ich mich sonsten erkläret, ich möchte wieder garstig machen, was sie nach allgemeinem Bekänntniß, so gar gut gemachet hatte. Welche meine Vermuthung denn auch von verschiedenen sehr gut

---

Neumark und Pastor zu Thalborn, danach Pastor zu Ober- und Nieder-
schmon und ab 1750 Pastor in Lodersleben und Querfurt (bei Halle).
Kümmelmann war Autor einer Reihe erbaulicher Traktate. Vgl. Johann
Georg Meusel: Lexikon der vom Jahr 1750 bis 1800 verstorbenen teutschen Schriftsteller, Siebenter Band, Leipzig 1808, S. 402 f.

236 *Neumark* liegt ca. 12 km östlich von Großrudestedt.

237 *Thalborn* ist heute Ortsteil von Vippachedelhausen (ca. 10 km östlich von
Großrudestedt).

238 *Samuel Benjamin Walther*, ursprünglich Mediziner, ist ein Leipziger Buch-
händler und Verleger, der sowohl pietistisch-separatistische als auch herrn-
hutische Literatur in seinem Verlag führte. Siehe Hans-Jürgen Schrader:
Literaturproduktion und Büchermarkt des radikalen Pietismus. Johann
Heinrich Reitz' „Historie Der Wiedergebohrnen" und ihr geschichtlicher
Kontext, Göttingen 1989, S. 125, 432; Agatha Kobuch: Zensur und Aufklä-
rung in Kursachsen. Ideologische Strömungen und politische Meinungen
zur Zeit der sächsisch-polnischen Union (1697–1763), Weimar 1988,
S. 105 f. Neuere Forschungen zum Walther-Verlag: Hans-Jürgen Schrader:
Madame Guyon, Pietismus und deutschsprachige Literatur. In: Hartmut
Lehmann [u. a.] (Hg.): Jansenismus, Quietismus, Pietismus, Göttingen
2002 (Arbeiten zur Geschichte des Pietismus, Bd. 42), S. 189–225, hier 200–
222; Rainer Lächele: Die „Sammlung auserlesener Materien zum Bau des
Reichs Gottes" zwischen 1730 und 1760, Tübingen 2006 (Hallesche Forschungen, Bd. 18), S. 48–64, 83–89, 175–177 und 211–213.

geheissen worden. Wie denn insonderheit ein sicherer Freund[240] vor mir sagte: Er sehe nicht, was ich hätte sagen wollen, so nicht vorher schon von der Sterbenden erinnert worden wäre, und zwar mit weit mehrerem Affect, als ich zu thun vielleicht im Stande gewesen. Da aber ein vornehmer Gönner und viele werthe Freunde gemeynet, die Führung dieser Seele sey würdig, daß sie, auch andern zur Erbauung kürzlich beschrieben, und dem Druck übergeben werde: Also habe mich sofort dazu entschliessen, und gegenwärtigen Aufsatz, nach Anleitung sowol der geführten Acten, als meines gehaltenen Diarii,[241] zu meiner und anderer kräftigen Ermunterung machen wollen. Das Wort Jesu Luc. 19. v. 10.[242] hat man darum zum Grunde geleget, weil man dafür gehalten, man werde *Speciem Facti*,[243] nach Anleitung desselben, nach Ordnung sowol der Natur, als des Heyls, [336] am füglichsten erzehlen können. Dergestalt, daß nicht zu zweifeln, ein jeder Sünder, so diese Bogen lieset, werde überall Anlaß nehmen können, bald Gott um Erkänntniß seines Elendes anzurufen, bald sich zur Buße zu erwecken, bald nach dem Glauben zu fragen, bald um Vergebung zu bitten, bald der Heiligung nachzujagen,[244] bald zur Glaubensfreudigkeit, bald zur Geduld im Leiden, und endlich zu einem getrosten und frölichen Muth im Sterben sich zu ermuntern. Wie man nun nicht zweifelt, Gottlose und Fromme werden allhier ihre Erbauung finden; also bittet man alle die, so gerne alles Gute wegwerfen, verlästern, und

---

239 *sofort nach geschehenem Streich:* sofort nach der Enthauptung.
240 *ein sicherer Freund:* im Sinne von „ein gewisser", d. h. aus besonderen Rücksichten ungenannt bleibender Freund.
241 *Diarium:* Tagebuch.
242 *Luc. 19. v. 10:* „Denn des Menschen Sohn ist gekommen, zu suchen und selig zu machen, das verloren ist."
243 *Speciem Facti:* Tatbericht.
244 Hebr 12,14.

für Heuchelen ausrufen, sie wollen nur das Ende dieser armen Sünderin reiflich betrachten, und bey sich selbst erwägen, ob man wol, ohne Hoffnung einiges Nutzens, auch bis in den Tod hinein sich anders stellen könne, als man es meynet?

M.M.K.[245]

[337]

Das I. Capitel.

Wie diese grosse Sünderin sich vom Heyland verlohren habe?

Inhalt.

Sie hat sich verlohren 1) durch den Ehebruch §. 1. 2) durch Vertuschung ihrer Schwangerschaft, §. 2. 3) durch Verhehlung ihrer Geburtsarbeit, §.3. 4) durch Ermordung ihres Kindes, §. 4. 5) durch heimliches Begräbnis ihres Kindes, §.5. und 6) durch freches Bezeigen nach allem diesem, §.6.

§. I.

Anna Martha Hungerlandin, ein verlobtes Weibsbild von Riethnordhausen, im Fürstlich-Sachseneisenachischen Amt Grossenrudestedt,[246] (so geboren den 12. Decemb. 1711.) war von Gott mit vielen feinen Naturgaben, vor andern, begnadiget. Sie sahe wohl aus, war wohl gewachsen, konnte wohl reden, hatte einen feinen

---

245 *M.M.K.*: Matthias Michael Kümmelmann.
246 Im Juli 1733 und im November 1734 weilte Friedrich Christoph Oetinger in Großrudestedt, wo er den Bauern Marcus Völcker besuchte, der die Zentralschau, ein intuitives Erkenntnisvermögen, besessen haben soll. Siehe Friedrich Christoph Oetinger: Genealogie der reellen Gedancken eines Gottes-Gelehrten. Eine Selbstbiographie, hg. von Dieter Ising (Edition Pietismustexte 1), Leipzig 2010, S. 109,119.

Verstand, war freundliches Wesens, und führte einen solchen Wandel, daß Pfarrer, Eltern und Nachbaren mit ihr zufrieden waren. Wie denn ihr gewesener Beichtvater am Tage ihres Todes vor mir sagte: Er habe dergleichen hinter ihr nimmermehr gesuchet. Einstmals ließ sie sich gelüsten, auf den Tanzplatz [338] zu verfügen. Wie nun der Mittelpunct von diesem Circul[247] (nach Aussage eines frommen Kirchenvaters) der Teufel ist:[248] Also brachte es denn auch der unreine Geist dahin, daß sie, nach geendigtem Tanze, mit ihrem Tänzer, unter freyem Himmel, bey Abendzeit, in die schwere Sünde des Ehebruchs[249] verfiele, und von dieser und abermal wiederholten Befleckung[250] schwanger wurde. Sollten denn nun nicht alle hohe und niedere Liebhaber des ungöttlichen Tanzgreuels durch den betrübten Erfolg dieser unseligen Tanzlust zu einem heiligen Nachdenken sich ermuntern lassen?*

*Dies bekannte unsere Anna Martha noch am Tage ihres Todes, früh Morgens.

---

247 Kreis, Tanzfläche.
248 Vgl. Augustinus, Sermo 326, 1. PL 38, 1449: Chorea est circulus cuius centrum est diabolus. ("Der Tanz ist ein Kreis, dessen Mittelpunkt der Teufel ist."). Zit. in Franz M. Böhme: Geschichte des Tanzes in Deutschland. I. Darstellender Theil, Leipzig 1886, S. 93. Die auf Augustin zurückgehende kritische Haltung zum Tanz findet sich auch wörtlich wieder bei Jacques de Vitry ("Chorea est circulus cuius centrum est diabolus et omnes vergunt in sinistrum.") in seinen Sermones vulgares, Ms. Paris, Bibliothèque Nationale de France, Lat. 17509, fol. 146, ed. Richard Albert Lecoy de la Marche, La chaire française au Moyen Age, Paris 1886, S. 413. Bei Johannes Chrysostomos, In Matthaeum hom. 48–49,3 (Migne Patrologia Graeca 58, 491) heißt es: Ἔνθα γὰρ ὄρχησις, ἐχεῖ διάβολος. „Ubi enim saltatio, ibi diabolus." („Wo getanzt wird, dort ist der Teufel.") Vgl. Carl Andresen: Altchristliche Kritik am Tanz – ein Ausschnitt aus dem Kampf der Alten Kirche gegen heidnische Sitte, in: Zeitschrift für Kirchengeschichte 72 (1961) S. 228; vgl. C. Windhorst: Von der Wollust zur Gottseligkeit. Katechetische Gemeindearbeit des pietistischen Pfarrers Christoph Matthäus Seidel. In: Zeitumstände: Bildung und Mission. Hg. v. M. Herbst u. a., Frankfurt/M. 2009, S.47 ff.
249 Das Verlöbnis wird schon als feste und unauflösliche Bindung der Frau interpretiert. Die Sicht, dass ein Fehltritt in diesem Stande als Ehebruch zu sanktionieren sei, wird von der Beschuldigten übernommen und verinnerlicht.
250 *Befleckung:* pejorative Bezeichnung für den Beischlaf.

§. 2. Es war ein grosses Unglück für unsere arme Hungerlandin, daß sie so gar weit von ihrem Jesu sich verlohren hatte; jedoch würde sie ihr Heiland nicht hinaus gestossen haben, wo sie sofort ihre begangene schwere Sünde und gedoppelten Ehebruch** bußfertig erkannt und bereuet, auch davon (wie billig)[251] auf ewig abgelassen hätte; alleine so gab sie den Reitzungen des Satans, ihres Fleisches und ihres unreinen Buhlers so viel Raum, daß sie nicht allein ihre Sünde wiederholete, sondern auch die erfolgte Schwangerschaft, vor allen und jeden zu verbergen suchte. Worinnen es ihr denn auch leider! gelungen. Ausgenommen ihre Mutter, welche davon gewußt, und sich also wie der Unreinigkeit, also auch des Kin-[339]dermordes, welchen sie verhindern können, an ihrem Theil theilhaftig gemachet.[252] Welches ihr Gott aus Gnaden zu erkennen geben, und allen Müttern zur Warnung dienen lassen wolle †.

> † Wie manche Mutter hat schon durch falsche Liebe ihre Kinder auf Zeit und Ewigkeit unglücklich gemacht. Insonderheit werden von vielen Müttern die Töchter schändlich verzogen, und also ihrem Eigensinn, Stolz und bösen Lüsten aufgeopfert. O unglückselige Kinder! verfluchte Mütter!

§. 3. Da nun die Zeit der Geburt herannahete, vermerkte man wohl, von Seiten der Nachbarn, im Hause ein Winseln; allein es wollte doch niemand genaue Erkundigung einholen, was das wäre. Ein altes Weib[253] kam indessen, vielleicht auf Erfordern, dazu, und weil

** Sie war schon an jemand versprochen.

---

251 *wie billig:* wie es sich gehört, angemessener Weise.
252 Die Mutter kommt wegen ihrer Mitwisserschaft später ebenfalls ins Gefängnis. Über ihr weiteres Schicksal schweigt der Text. Vgl. S. 78.
253 *Ein altes Weib:* Der Text bietet keine weiteren Informationen über diese Frau, die Anna Martha Hungerlandin nicht nur zu der Mordtat anstiftete, sondern sie schließlich auch vollendete.

sie hülfliche Hand leistete, wurde das Kindlein, obgleich heimlicher Weise, jedoch glücklich und lebendig zur Welt gebohren, den 2. April 1735.[254]

§. 4. So bald das Kindlein das Licht dieses Tages erblikket, ist unserer Elenden (wie sie noch am Tage ihres Todes, auch vorhero zu vielen malen bekannt,) von dieser Alten beweglich zugeredet worden, das Kindlein umzubringen, weil, wo sie das nicht thäte, es um ihre zeitliche Wohlfahrt geschehen wäre †.

> † Nach der Schrift sollen die alten Weiber die jungen Weiber lehren züchtig seyn und Kinder lieben. Solche tragen ihr graues Haar mit Ehren. Titum 2, 3. 4. 5.[255] Was sind aber alte Schwätzerinnen, Kupplerinnen und Mörderinnen anders, als ausgesandte Bothen des Satans?

[340] Hierauf hat sie demselben einen Druck auf den Kopf gegeben, jedoch sofort, nicht ohne innige Reue die Hand wiederum zurückgezogen, worauf die Alte das arme Würmgen[256] genommen und vollends ermordet hat.[257] Wobey das Kindlein noch einen Laut von sich gegeben. Und so fiel denn unsere grosse Sünderin von einer Sünde in die andere, und verlohr sich von ihrem Heiland also, daß sie von einem Abwege zum Verderben,

---

254 Zwischen Straftat (2. April 1735) und Vollstreckung des Urteils (1. November 1737) vergingen zweieinhalb Jahre.

255 Titus 2, 3–5: „[Ich sage] den alten Weibern desgleichen, daß sie sich halten wie den Heiligen ziemt, nicht Lästrinnen seien, nicht Weinsäuferinnen, gute Lehrerinnen; daß sie die jungen Weiber lehren züchtig sein, ihre Männer lieben, Kinder lieben, sittig sein, keusch, häuslich, gütig, ihren Männern untertan, auf daß nicht das Wort Gottes verlästert werde.“

256 *Würmgen:* Das Suffix „*-gen*" wird in diesem Text zeittypisch (wie beispielsweise noch durchweg beim jungen Goethe) des Öfteren als Diminutiv-Endung benutzt.

257 Der Bericht gibt keinerlei Hinweise auf die Bestrafung dieser nach heutiger Rechtsauffassung ja nicht nur Anstifterin zur Tat, sondern auch die Tötung herbeiführenden eigentlichen Mörderin.

auf den andern gerieth, bis endlich vollendet war, was Satanas lange vorhero gesuchet hatte. O wie hohe Ursach hat man nun also, das *Principiis obsta &c.*[258] wohl zu beobachten, und sich wohl fürzusehen, daß man in der Schule des Satans nicht das a. b. c. lerne, damit man nicht auch zum a. b. ab. schreiten müsse![259] Gewiß! wer dem Teufel in einem gehorchet, der muß ohnfehlbar auch in mehreren und immer abscheulichern Lastern Folge leisten. Wer Ohren hat zu hören, der höre![260]

§. 5. Wurde vorhero der Ehebruch vertuschet: so ergienge es nun mit dem Kindermord nicht besser. Die Alte nahm das ermordete Kindlein, trug es noch selbigen Abend hin auf den Kirchhof, und begrub es daselbsten.[261] Man liesse es aber nicht daselbsten ruhen, son-

---

258 *Principiis obsta:* Widersteh' den Anfängen. Nach Ovid: Remedia amoris, 95. (Siehe: Ovids Heilmittel der Liebe. Berichtigt, übersetzt und erklärt von Heinrich Lindemann, Leipzig 1861.)

259 Dieses Erlernen des Satans-ABC erscheint hier kontrastiv gesetzt zu der Vorstellung, der zur Erweckung gelangende Christ müsse in der Schule des Heiligen Geistes beim Lehrmeister Jesus das Sprechen und Schreiben von Grund auf neu erlernen, wobei sich aus den zwei ersten Buchstaben die Vateranrede Gottes „Abba" (Mk 14,36, Röm 8,15, Gal 4,6) formt. Im Gedicht Johann Friedrich Haugs: Studenten=Gesang / || Das ist / || Eine hertzliche Vermahnung an die studirende Jugend / || und Anweisung an den rechten Lehrmeister. In: THEOSOPHIA PNEUMATICA, oder Geheime GOttes=Lehre, [Idstein] 1710, lautet die Str. 6: „Erstlich so müssen wir hier buchstabiren / || A/b/ab: b/a/ba: Abba / o GOtt! || Diese Anfänge im Grunde dociren || Mag wol alleine der himmlische GOtt / || Der da ist A und O / Anfang und Ende / || Canaans Sprach er belehrtet behende." Vgl. dazu Hans-Jürgen Schrader: Johann Friedrich Haugs radikalpietistischer Studenten=Gesang als "Anweisung zur Seligkeit in allen Facultäten", in: Literatur und Theologie im 18. Jahrhundert. Konfrontation – Kontroversen – Konkurrenzen. Hg. v. Hans-Edwin Friedrich, Wilhelm Haefs u. Christian Soboth. Berlin, New York 2011 (Hallesche Beiträge, 41), 139–160, hier 149. – Über die der Kanaanssprache der Erweckten entgegen gesetzte „Schlangen=Sprach" oder „lingua draconis" vgl. Hans-Jürgen Schrader: Die Sprache Canaan, Auftrag der Forschung. In: Udo Sträter [u. a.] (Hg.): Interdisziplinäre Pietismusforschungen, Tübingen 2005, Bd. 1, S. 55–81, hier 62–65.

260 Mt 11,15; 13,9; Mk 4,9; Lk 14,35 sowie Offb 2,29.

dern grub es wieder aus, und verscharrete selbiges in einem sichern Acker.[262] Hierselbsten lag es denn so lange, bis die unglückselige Mutter und Mörderin selbiges, auf Befehl des hochfürstl. Amtes, wiederum hervor holete.

§. 6. Immittelst,[263] ehe die Sache ruchbar[264] wurde, bezeigte sich unsere Kindermörderin als eine **[341]** Jungfrau, so niemalen einen Mann erkannt.[265] Sie trotzete auf ihre Jungfrauschaft, sie erkühnte sich weite Reisen vorzunehmen, sie redete von Zeugnissen für ihre unverletzte Jungfrauschaft, sie drohete denen, so einen Verdacht in sie setzen und auf sie bringen wollten, und ihre Mutter vermasse sich hoch, es sey falsch, was von ihrer Tochter das Gerüchte sagen wolle. Daß man also gar wohl siehet, wie diese verlohrne Schaafe sich recht zusammen verbunden gehabt, ihre arme Seelen dem Heiland aus den Händen, dem höllischen Wölfen[266] aber in die Hände zu spielen. Hier traf also recht ein, wenn wir singen:

Willst du, o armes Lamm, nicht hören,
Läufst immer weiter weg von mir?
Ruf ich doch sehnlich für und für,

---

261 Ein ordnungsgemäßes Begräbnis auf dem Kirchhof wurde in der Frühen Neuzeit als Voraussetzung für die ewige Seligkeit angesehen. Dass der Angeklagten ein ordentliches Begräbnis auf dem Kirchhof wichtig war, zeigt ihre Reaktion unmittelbar vor der Hinrichtung, als sie bittet, ihr den Sarg zu zeigen; siehe S. 133
262 Der „sichere Acker" wird hier offenbar gewählt, um das Verbrechen zu vertuschen.
263 *Immittelst:* In der Zwischenzeit.
264 *ruchbar:* bekannt.
265 *so niemalen einen Mann erkannt:* noch niemals mit einem Mann Beischlaf vollzogen. Vgl. Deutsches Wörterbuch, Bd. 3, Sp. 866–874.
266 *den höllischen Wölfen:* Vgl. Jakob Böhme, Aurora oder Morgenröthe im Aufgang, in: Jakob Böhme, Sämmtliche Werke, Bd. 1, hg. von Karl Wilhelm Schiebler, Leipzig 1832, S. 51: „... du wirst mit den höllischen Wölfen im höllischen Feuer tanzen".

Ob du noch wolltest wiederkehren
Zu deinem Ursprung, deiner Quelle,
Aus welcher du geflossen bist,
Die ja so lieblich und so helle
Von Ewigkeit gewesen ist.*

* Der 5 Vers aus dem Liede: Wo ist mein Schäflein, das ich liebe?[267]

[342] Das II. Capitel.
Wie sie der Heiland gesucht habe?

Inhalt.

Er hat sie gesucht 1) durch Offenbarung ihrer heimlichen Sünden, § 1. 2) durch grosse Angst wegen ihrer Sünden, §. 2. 3) durch Erweckung zum knien und beten, §. 3. 4) durch Citation und Captur, §. 4. 5) durch den Antrieb zum freywilligen Bekäntniß, §. 5. 6) durch selbsteigene Herbeyschaffung des ermordeten Kindes, §. 6. 7) durch Offenbarwerdung des tödtlichen Druckes, §. 7. 8) mit Krankheit §. 8. 9) durch bedenkliche Träume, § 9. 10) durch gute Ermahnungen des fürstlichen Amtes, §. 10. 11) durch den Chirurgum, §. 11.

§. 1.

Der Heiland, welcher zu dem Ende[268] in diese Welt gekommen, daß er das verlohrne suchen möge, gieng denn auch diesem verlohrnen Schäflein[269] treulich nach, ob er

267 Lied von Juliane Patientia Freiin von Schultt (1680–1701), in: Johann Anastasius Freylinghausen: Gesangbuch, Bd. 1, Teil 1, Tübingen 2004, S. 377. Koch, Geschichte des Kirchenlieds, 2. Aufl. 1853, S. 426 f. (Das genannte Lied ist später durch Bach [Bach-Werke-Verzeichnis 507] bekannt geworden.) Die Tatsache, dass Kümmelmann im Gegensatz zu fast allen weiteren Liedzitaten hier den Titel des Liedes angibt, könnte darauf hindeuten, dass das Lied damals noch relativ unbekannt war.
268 *zu dem Ende:* in der Absicht; vgl. Deutsches Wörterbuch, Bd. 3, Sp. 447 ff.
269 Die ganze folgende Erzählung (so wie viele Malefikantenberichte) nimmt

es etwa finden und selig machen möchte. Und damit nun seine suchende Gnade[270] zu ihrem gewünschten Zweck gelangen möge, erwählte sie zum allerersten Mittel, theils das Gemurmel des Volks, „Anna Martha müsse ein Kind gebohren und selbiges getödtet haben", theils etliche Mitnachbarn ihres Ortes, welche bald Briefe in den Pfarrhof wurfen, bald selbige an das fürstl. Amt heimlich überbrachten, worinnen sie ihre untrügliche Vermuthung zu erkennen gegeben haben. O! daß man eben den Eifer bewiesen hätte, einen Kindermord zu verhindern, aus welchem man den vollendeten Mord offenbar gemachet hat. Ein jeder merke sich dieses zur Ermahnung.

[343] §. 2. Ehe aber unsere Sünderin von alle diesem etwas erfahren, arbeitete schon die suchende Gnade zum andern in ihr, daß sie die Größe der begangenen Sünde in ihrem Gewissen recht offenbar machen möge. Sie wurde (wie sie sagte) überfallen mit einer unaussprechlichen Traurigkeit, Angst und Schrecken, dermassen, daß sie sich öfters nicht zu lassen gewußt.[271] Niemalen aber habe sie ihre große Sünde herzlicher bereuet und betrauret, als wenn sie etwa in die Kirche gegangen, oder ein kleines Kindlein erblicket habe. O daß du (wünschte ich da) dein Kindlein noch hättest! ach! was hast du gemacht! ach GOtt! wie bin ich dahin verfallen.

---

durchgehend Bezug auf Jesu Gleichnis vom verlorenen und wiedergefundenen Schaf Lk 15,3–7 mit der Schlussaussage, es werde größere „Freude im Himmel sein über einen Sünder, der Buße tut, mehr als über neunundneunzig Gerechte, die der Buße nicht bedürfen."

270 *seine suchende Gnade:* Die nicht biblische, im Pietismus aber geläufige Redewendung setzt im pars pro toto (Synekdoche) nicht nur Gott, Vater und Sohn mit der Gnade gleich, sondern lässt aus Liebe Gott (noch vor dem flehenden Sünder) aktiv werden, um Gnade zu erteilen.

271 *sich öfters nicht zu lassen gewußt:* sich nicht darüber beruhigen konnte.

§. 3. Zum dritten brachte es die suchende Gnade ihres Heilandes bey ihr auch dahin, daß sie fast ohne Unterlaß geweinet und gebetet.[272] Einstmals erzählete sie dem Verfasser, daß sie aller Orten geweinet, sonderlich aber unter dem Vortrag göttliches Wortes, und sey nicht leicht ein Winkelchen in ihrem Hause zu finden, allwo sie von den Ihren nicht kniend und betend angetroffen worden. Wie stehts um dich, mein Leser? kniest und betest du auch um Vergebung, wenn du dich vom Feind zur Sünde verleiten lassen?

§. 4. Es war auch viertens eine Frucht der suchenden Gnade Jesu, daß unsre arme Sünderin[273] auch vor das weltliche Gericht gefordert und gefangen gesetzt wurde. Denn hierdurch bahnte ihr der Heiland den Weg zu ihrer [344] wahren Wiederfindung[274] und Seligmachung, wie wir unten hören werden. Es lasse sichs demnach ein jeder Uebelthäter lieb seyn, daß seine Missethaten vor dem weltlichen Gerichte offenbar werden, und nehme es von Gott an, als eine Frucht göttlicher Gnade und Langmuth, wodurch er zur wahren Buße geleitet werden soll.

§. 5. Nachdem unsere Delinquentin etliche Tage in Ketten und Banden gesessen war, so rückte das heilige Osterfest heran.[275] Da sie am ersten Tag früh vom Schlaf erwachte, kömmt sie fünftens durch Eingebung

---

272 Der Auftrag „betet ohne Unterlaß" 1Thess 5,17 führt besonders in der quietistischen Spielart des Pietismus zum Leitbild des „immerwährenden Gebets".

273 *arme Sünderin:* Kapitalverbrecherin. Vgl. Johann Georg Krünitz: Oekonomische Encyklopädie, Bd. 178, Berlin 1841, S. 425 f.

274 Anlehnung an das Gleichnis vom verlorenen Sohn, hier Lk 15,32, zugleich das hier dominante vom verlorenen Schaf, s. Anm. 269.

275 Der Ostersonntag fiel im Jahr 1735 auf den 10. April. Die Angeklagte saß zu diesem Zeitpunkt also acht Tage im Gefängnis.

ihres suchenden Heilandes[276] auf die guten Gedanken: „Siehe! wenn du läugnest, so hilft dir deines Jesu Auferstehung nichts, du willt also lieber bekennen." Kaum war dieser gute Gedanke in ihrem Herzen aufgestiegen, als sie sich resolvirte,[277] alles offenherzig zu gestehen. Sie schickte denn am ersten Ostertag nach der Mittagskirche um 4 Uhr den Amtsdiener an den Herrn Hofrath und Amtmann Zerbst,[278] mit dem Vermelden, sie habe mit ihme etwas wichtiges zu reden, und bitte gar sehr, er möchte sie noch heute anhören. Da ihr nun erlaubet wurde zu reden; so gestunde sie so fort, ohne alle Ermahnung, freywillig: „Sie habe ein Kindlein gebohren, selbiges umgebracht, da und da liege es, u.s.w." Wer siehet nicht hieraus, aus welch einem guten Triebe und heiligen Grunde dieses Bekäntniß geflossen. GOTT gebe! daß viele, ja alle in heimlichen Sünden lebende Menschen unserer Anna Martha hierinne nachfolgen mögen.

[345] §. 6. Es machte sie auch sechstens die suchende Gnade willig, auf Befehl des fürstl. Amtes ihr halbvermodertes Kindlein, in eigner Person, auszugraben und herbey zu schaffen, um ihr dadurch einen desto kräftigern Eindruck beyzubringen, von dem, was sie gethan hatte. Mit was für tieffer Beugung des Herzens, mit wie vielen Thränen der Augen, und mit was Flehen des Mundes dis geschehen, kann der Leser leicht erachten. Und O! welch ein saurer Weg muß nicht das gewesen seyn?

---

276 Vgl. Anm. 269.

277 *sich resolvirte:* sich entschloss.

278 Johann Christoph Zerbst, geb. 1675, Sohn des gleichnamigen Generalsuperintendenten in Eisenach, war seit 1705 Amtmann in Großrudestedt. (Thüringer Haupstaatsarchiv Weimar: Eisenacher Archiv, Dienersachen Nr. 186, Bl. 242). Siehe ferner Thüringer Pfarrerbuch, Bd. 3: Großherzogtum Sachsen (-Weimar-Eisenach) – Landesteil Eisenach, hg. von der Gesellschaft für Thüringische Kirchengeschichte, bearb. von Bernhard Möller u. a., Neustadt an der Aisch 2000, S. 474.

§. 7. Man öffnete das Kindlein, und fand, daß der Druck, so sie demselben gegeben, tödtlich sey,[279] stellete auch dieses schriftlich von sich, und benahm also gleich anfänglich damit der Inquisitin[280] alle Hoffnung, ihr Leben als eine Beute davon zu tragen, welches ich ansehe als die siebende Wirkung der suchenden Gnade ihres Heilandes. Denn wie die Hoffnung mit dem Leben davon zu kommen, dergleichen Personen mild und sicher machet; also setzet sie das Gegentheil in Furchten, wodurch dem Heyland die Thür geöffnet wird, sich der Seele zu nähern, sie aus dem Verderben herum zu holen, und zu seiner Heerde zu sammlen. Welches allen Herren Advocaten und denen, so dergleichen armen Menschen pflegen so süsse Hoffnung zu machen, zur Warnung dienen kann.

§. 8. Jetzo lag unsere Elende in Ketten und Banden, nichts anders vor sich sehende, denn eines langwierigen Processes betrübten Ausgang. Was that die suchende Liebe achtens! Sie warf unsere Anna Martha aufs Krankenbett dar-[346]nieder, durch eine so schwere Krankheit, als vorhero ihre Sünden gewesen. Bald hatte sie zu thun mit dem *Miserere*,[281] bald mit der hinfallenden Sucht,[282] oder doch *conatibus epilepticis*,[283] bald mit einem andern Uebel. Da lag sie, jederman hielte sie vor eine Candidatin des Todes, und sie selbst durfte sich anders nichts in den Sinn kommen lassen, denn daß sie vielleicht eher, als man vermuthen dürfte, würde vor

---

279 Die Obduktion schreibt also der Angeklagten die tödliche Verletzung zu, obwohl die Tötung ja zufolge des vorher gegebenen Berichts auf die engelmacherische alte Hebamme zurückgeführt wurde.

280 *der Inquisitin:* der in Untersuchung Gezogenen.

281 *Miserere:* Erbrechen, noch heute gebräuchlicher medizinischer Ausdruck für Koterbrechen bei Darmverschluss. Vgl. Peter Reuter: Medizinisches Wörterbuch, Heidelberg 2006, S. 858–860 sowie 1178.

282 *der hinfallenden Sucht:* Epilepsie („Fallsucht").

283 *conatibus epilepticis:* epileptische Anfälle.

Gottes Gericht citiret werden, um daselbst von ihren schweren Sünden Rechenschaft zu geben. Wie ihr da müsse zu muthe gewesen seyn, ist leicht zu erachten.

§. 9. Der so gar treue und das Heyl der Menschen so herzlich und ernstlich bekümmerte Heiland fügte, nach seiner suchenden Gnade, neuntens es also, daß der damalen zu Grossen-Rudestedt wohnende Chirurgus Müller,[284] auf erhaltenen Befehl, die Kranke besuchen, von ihren kränklichen Umständen Nachricht einziehen, die Patientin mit Medicamenten versehen, bey dieser Gelegenheit ihr das Gesetze schärffen und das Gewissen noch mehr rege machen mußte. Dahero nun die gute Anna Martha niemalen anders, denn mit herzlichen Preiß Gottes an die gute Vorstellungen dieses lieben Mannes gedenken konnte. Wie sie denn nur noch etliche Tage vor ihrem seligen Ende, bey Gelegenheit diesem redlichen Manne etliche Sprüchlein, zum erbaulichen Andenken, überschicket hat. Wodurch die Herren Doctores und Chirurgi sich ermuntern lassen wollen, hinführo benebst dem leiblichen An-[347] liegen ihren Patienten auch derselben geistliches Wohl ihnen angelegen seyn zu lassen.

§. 10. Es war dieser liebe Freund nicht offte bey ihr gewesen, als sie Mine machte, den Herrn ihren erzürnten Gott mit mehrerm Ernst zu suchen, wozu dann (wie sie mir dermalen[285] eröffnete) unter andern auch zehendens ein besonders merkwürdiger Traum das seine mochte beygetragen haben. Denn als ich (auf besondere Veranlassung) das erstemal sie besuchte, erzehlte sie

---

284 Biographische Daten zum Chirurgus Müller ließen sich nicht ermitteln. In der Sprache der Zeit bezeichnet „Chirurgus" noch meist den nicht akademisch ausgebildeten Bader, der auch Wundarztdienste leistete.
285 *dermalen:* einst, damals.

mir, nicht ohne sonderbare Bewegung, welchergestalt
vor etlichen Tagen im Traume sie den Heiland gesehen,
und mit ihm etliche Stunden sich unterredet habe. Endlich habe er ihr mit seinen Händen auf die Achseln ge-
klopffet, und ihr versprochen: Sie nicht zu verlassen; sie
aber habe ihn umarmet, und gesagt: Ich lasse dich
nicht, du segnest mich denn.[286] Als sie das sagte, machte
sie gar besonders freundliche Minen, so das man wohl
merken konte, das Erzehlete sey etwas mehr, denn ein
leerer Traum gewesen. Auch konnten ihre mitgefangene Mutter,[287] benebst einem andern Freund, (welche
mit angesehen, was am Tage im Schlaf mit ihr vorgegangen) nicht sattsam beschreiben, mit was zärtlichen
Minen sie ihrem Heiland begegnet. Daß aber Gott auch
im Traum die arme verlohrne Menschen suche, be-
kräfftiget Hiob cap. 33, 15–17. 29. 30.[288]

§.11. Dazu kommt noch eilftens, daß unsere Hungerlandin aus dem fürstl. Amte niemalen ohne viele gute
Ermahnungen wiederum her-[348]aus gegangen ist.
Wie denn zwölftens nicht leicht ein Prediger noch anderer redlicher Freund nach Grossen-Rudestedt gekommen ist, der da unsere Anna Martha nicht erst zur
rechtschaffenen Uebergabe ihres Herzens an Gott
sollte ermahnet haben. Auch weiß ich mich selbsten zu
erinnern, daß sie von Hohen und Niederen, z. E. von
Halle, Salfeld, Weymar, Erfurth, Langensaltza, Eisenach und dergleichen Orten Besuch gehabt; wobey alle-

---

286 Gen 32,27, Jakobs Kampf mit dem Engel.
287 Über das weitere Schicksal der Mutter schweigt der Text.
288 Hiob 33,15–17: „Im Traum, im Nachtgesicht, wenn der Schlaf auf die
    Menschen fällt, wenn sie schlafen auf dem Bette, da öffnet er das Ohr der
    Leute und schreckt sie und züchtigt sie, daß er den Menschen von seinem
    Vornehmen wende und behüte ihn vor Hoffart [...].“ Hiob 33,29 f.: „Siehe,
    das alles tut Gott zwei- oder dreimal mit einem jeglichen, daß er seine
    Seele zurückhole aus dem Verderben und erleuchte ihn mit dem Licht der
    Lebendigen.“

mal das suchende Herz Jesu zu ihrer wahren Sinnesänderung und Gewinnung treulich mitgearbeitet hat. Daß wir also mit allem Fug und Recht auch von ihr singen:

Kein Hirt kann so treulich gehen
Nach dem Schaf, das sich verläuft,
Sollst du Gottes Herze sehen,
Wie sich da der Kummer häuft.
Wie es dürstet, ächzt und brennt,
Nach dem Schaf, das sich verrennt,
Von ihm und auch von den Seinen,
Solltest du vor Liebe weinen.[289]

---

289 Fünfte Strophe des Liedes „Weg, mein Herz, mit den Gedanken, als ob du verstoßen wärst" von Paul Gerhardt, in: Freylinghausen: Gesangbuch, Bd. 1, Teil 1, S. 275 f.; Eisenachisches Neu-Vermehrtes Gesangbuch. Worinnen D. M. L. und anderer rein Evangelischen Lehre geistreiche Lieder und Lob-Gesänge enthalten. Nach Ordnung der Jahres-Zeit und des Catechismi; Deme beygefügt ein Täglicher Morgen und Abend-Seegen; benebst der Paßion wie solche nach dem H. Evangelisten Matthaeo am Char-Freytag figural abgesungen wird; Auf sonderbahren Gnädigsten Befehl Ihrer Hoch-Fürstl. Durchlauchtigkeit unsers Gnädigsten Fürsten und Herrns zum Ersten mahl auffgelegt und in diesem Druck und Format heraus gegeben. Mit Hoch-Fürstl. Gnädigsten Privilegio. Eisenach 1712, S. 423–426; Albert Fischer, Das deutsche evangelische Kirchenlied des 17. Jahrhunderts. Nach dessen Tod vollendet und herausgegeben von Wilhelm Tümpel, Bd. 3, Gütersloh 1906 (Reprograf. Nachdruck, Hildesheim 1964), S. 299 f. Auch dieses Lied nimmt die in dieser Erzählung dominante Allegorie aus dem Gleichnis vom verlorenen Schaf auf. Vgl. Anm. 268.

Das III. Capitel.
Wie sie den Heiland gesuchet habe?
Inhalt.

Sie suchte ihn 1) mit Beten, §. 1. 2) mit Singen, §. 2.
3) mit Weinen, §. 3. 4) mit Bekennen, §. 4. mit Forschen
in dem Wort des Herrn §. 5. mit Trauren u. Kämpfen, §. 6.

§. 1.

Der treue Freund ihrer Seelen[290] suchte sie, und da sie
das merkte, suchte sie hinwiederum **[349]** ihn. Die
Wächter geben ihr durchgängig alle mit einander das
Zeugniß: Daß sie den gesuchet, den ihre Seele liebte.[291]
Viele andere liebe Freunde, so sie etlichemal besuchet
und mit ihr gebetet, zeugten von ihr, daß sie des Betens
nicht satt werden können. Und ich habe etlichemal angemerket, daß es ihr gar nicht recht gewesen, wenn
man entweder nicht mit ihr beten wollen, oder das Gebet geschlossen, ehe sie ihr Anliegen in ihres Jesu
Schooß ausschütten können. Der Inhalt ihres Gebets
war ordentlich der, daß ihr Gott ihre Sünden vergeben,
sie zum Tode bereiten, und eines freudigen und seligen
Todes wolle sterben lassen. Auch fanden alle Menschen
von allerley Ständen, Geschlechten und Gemüthsver-
fassungen usw. allemal in ihrem Gebet ihren gewissen
Platz. Sie empfohl sie alle in die Gnade Gottes und unsers Heilandes Jesu Christi.

---

290 *Freund der Seele:* Gott als Freund der Seele, pietistischer Terminus; siehe
     Langen, S. 465.
291 Bezug auf Hhld 3,1: „Des Nachts auf meinem Lager suchte ich, den meine
     Seele liebt" und 3,3: „Es fanden mich die Wächter, die in der Stadt um-
     hergehen: ‚Habt ihr nicht gesehen, den meine Seele liebt?'" Um dieser
     Analogie willen werden auch die Gefangenenwärter als „Wächter" be-
     zeichnet.

§. 2. Mit dem Beten vergesellschaftete sie das Singen.[292] Sie sunge gar zu gerne. Wer ihr ein Liedgen sagte, so entweder die Treue ihres Heilandes groß machte, oder aber die Herrlich- und Seligkeit der Auserwählten in jenem Leben recht nach Würden besungen, war ein lieber Freund von ihr. Sie liebte sehr das Lied: Gott Lob ein Schritt zur Ewigkeit,[293] und wollte selbiges immer gesungen haben, sonderlich den 6. 8. und 10. Vers.[294] Nachdem sie (wie ich von ihr gehöret) einstmals im Traum von den Engeln ihr das Lied: Jerusalem, du hochgebaute Stadt usw.[295] vorsingen hören, und selbiges im eisenachischen Ge-[350]sangbuch[296] gefunden,

---

292 *Mit dem Beten vergesellschaftete sie das Singen:* Mit dem Beten verband sie das Singen. Vgl. Deutsches Wörterbuch, Bd. 25, Sp. 412–428. Dass der Pietismus nicht zuletzt auch als eine „Singbewegung" zu begreifen ist – vgl. Christian Bunners (Hg.): Lieder des Pietismus aus dem 17. und 18. Jahrhundert (KTP 6), Leipzig 2003, S. 145 –, spiegelt sich in der hohen Zahl der im Text zitierten Lieder wider.

293 Lied von August Hermann Francke (1663–1727), in: Freylinghausen: Gesangbuch, Bd. 1, Teil 1, S. 483 f. Vgl. Koch, Geschichte des Kirchenlieds, Bd. 3., S. 167.

294 6. komm! ist die stimme deiner braut, komm! rufet deine fromme; sie ruft und schreyet überlaut: komm bald! Ach! JESU, komme. So komme dann, mein Bräutigam, du kennest mich, o Gottes-Lamm, daß ich dir bin vertrauet. 8. Ich bin vergnügt, daß mich nichts kan von deiner liebe trennen, und daß ich frey vor iederman dich darf den Bräutigam nennen, und du, o theurer Lebens-Fürst, dich dort mit dir vermählen wirst, und mir dein erbe schencken. 10. Wenn auch die hände läßig sind, und meine knie wancken, so biet mir deine hand geschwind in meines glaubens schrancken, damit durch deine krafft mein herz sich stärcke, und ich himmelwerts ohn Unterlaß aufsteige. In: Geistl. Gesang-Buch, Vorstellend Einen guten Vorrath von alten und neuen Erbaulichen Liedern, zu Beförd. Christl. And. ... besonders in denen Schulen und Kirchen der Gräfl. Reuß-Plauischen Herrschaft Lobenstein und Ebersdorf, Schleiz 1723, S. 310–312.

295 Lied von Johann Matthäus Meyfart (1590–1642), in: Freylinghausen: Gesangbuch, Bd.1, Teil 2, Tübingen 2006, S. 972 f. Vgl. Christa Reich: Jerusalem, du hochgebaute Stadt. Das große Lied von Johann Matthäus Meyfart (EG 150), in: Dorothea Monninger, Christa Reich (Hg.): Gott in der Stadt; Eschatologie im Kirchenlied (GAGF 18), Hannover 2004, S. 40–51.

296 Eisenachisches Neu-Vermehrtes Gesang-Buch: Worinnen D. M. L. und anderer reinen Evangelischen Lehrer geistreiche Lieder und Lobgesänge enthalten ... Zum Ersten mahl auffgelegt, und in diesem Druck und Format heraus gegeben, Eisenach 1712. Das genannte Lied „Jerusalem, du hochgebaute Stadt ..." findet sich auf S. 1004 f.

wurde es von der Zeit an ihr Leibliedgen,[297] ja sie erwählte es auch zu ihrem Leich- und Sterbeliedgen.[298] Unterhielten wir uns einmal kurz vor ihrem seligen Ende mit himmlischen Betrachtungen; so sprach sie am Ende: Nun lassen sie uns noch ein recht lustiges Himmelsliedgen anstimmen. Da mir nun sogleich in die Gedanken kam das Lied: Der Bräutigam wird bald kommen, wacht usw.[299] so erwählte sie selbiges gleichfals zu ihrem lezteren Reiselied.

§. 3. Ihr Gebet und Singen geschahe im Anfange insgemein unter vielen Thränen, dergestalt, daß man ohne Thränen nicht leicht mir ihr weder beten noch singen konnte. Niemalen aber zerflosse sie mehr in Thränen, als wenn man ihr zu Gemühte führte: Was sie für ein heßliches Mensch sey, und wie groß gleichwol der Heiland seine Barmherzigkeit werden lassen über ihr. Moses sezte sie oft in Furcht und Schrecken:[300] allein wenn sie es mit dem Herrn Jesu zu thun hatte, so schiene es, als ob ihre Augen Thränenquellen worden wären. Ja sie betete manchmal gleichsam zum Ueberfluß:
Gieb meinen Augen süße Thränen,
Gieb meinen Herzen keusche Brunst usw.[301]

---

297 *Leibliedgen:* Lieblingsliedchen.

298 *Leich- und Sterbeliedgen:* Epicedium, Beerdigungsgesang.

299 Vgl. Freylinghausen: Gesangbuch, Bd. 1, Teil 2, S. 1056. Gemeint ist hier natürlich auch Jesus als Seelenbräutigam. Ihr irdischer Verlobter scheint sich während des gesamten Verfahrens ebenso wenig um die Hungerlandin gekümmert zu haben wie der Vater ihres Kindes.

300 „Moses" meint hier das ganze Alte Testament mit seinen harten Strafbestimmungen, denen nachfolgend die neutestamentliche Vergebungs- und Versöhnungslehre entgegengesetzt wird, über die die Angeklagte Tränen des Dankes und der Rührung vergießt.

301 Es handelt sich um die ersten beiden Verse der siebten Strophe des Liedes „Ich will dich lieben, meine Stärke" von Angelus Silesius bzw. Johann Scheffler (1628–1683): „Gib meinen Augen süße Tränen / Gib meinen Herzen keusche Brunst / Laß meine Seele sich gewöhnen / Zu üben in der Liebeskunst / Laß meinen Sinn, Geist und Verstand / Stets sein zu dir, (o Gott,) gewandt." In: Freylinghausen: Gesangbuch, Bd. 1, Teil 1, S. 524. Diese Strophe ist entgegen gesetzt der verderblichen Liebesbrunst ihres Fehltritts.

§. 4. Aus ihren Thränen ist leicht zu erachten, daß sie eines weichen und aufrichtigen Herzens gewesen, so da seine begangene Sünden vor niemanden geleugnet, sondern vielmehr vor jederman, der es wissen wollen, gar gerne of-[351]fenherzig bekennen wollen. Anfänglich zwar wollte sie leugnen, aus Furcht vor dem Tode und Liebe zum Leben, veränderte auch, aus eben dem Grunde, nachhero manches an ihrer geschehenen Aussage, vornemlich da sie die Pein der Tortur fühlte;[302] jedoch trug sie bey alle dem, weder vor, noch nach, nicht das geringste Bedenken, vor jederman ohne Scheu zu bekennen, daß sie eine unreine Dirne gewesen, und an ihres Kindes Tod die erste Schuld habe. Welches sie denn auch vor Gottes Angesicht im Gebet zu vielenmalen mit Thränen erzehlet. Welches Bekäntniß sie denn auch nachmalen vor dem lezten Genuß des heil. Abendmahls, nach demselben vor dem peinlichen Halsgericht, auf dem Richtplatz, ja gar in ihrem allerlezterem Gebet wiederholen wollen.

§. 5. Es hat unsere liebe Anna Martha ihren Jesum gesuchet in seinem heiligen Wort und Sacrament. Lezteres genosse sie mit sonderbarer Begierde. In ersterem forschte sie gar zu gerne, und konte sich sehr viel daraus machen, wenn ihr jemand ein kleines Tractätgen schenkte, und ein einziges Sprüchlein entweder mitbrachte, oder beym Abschied hinterliesse. Sie schäzte ein erbauliches Brieflein, von einem Kinde Gottes an sie geschrieben, viel höher, denn Gold und Silber, und mußte es gewiß ein recht sehr guter Freund von ihr seyn, dem sie etwas davon verehrte.[303]

---

302 Offenbar befragte man die Angeklagte von Anfang an unter Androhung von Foltermethoden, was sie rasch zu ihrem Bekenntnis, sie habe an dem Tod ihres Kindes „die erste Schuld", veranlasste.

303 *verehrte:* einer anderen Person z. B. durch ein Geschenk seine Ehre zu erweisen. Deutsches Wörterbuch, 25, Sp. 266 ff.

§. 6. Vornemlich ist bey ihrem Suchen noch etwas zu gedenken von ihrem Ringen und **[352]** Kämpfen. Etliche wenige Tage vor ihrem großmüthigen Ende brach sie in folgende bewegliche Worte aus. „O was für Kampf hat es mich gekostet, bis ich zur Vergebung der Sünden gelanget!" †

> † Sie will damit nichts anders sagen, als was Hiskia[304] seufzet: Ich werde mich scheuen alle mein Lebtage vor solcher Betrübniß meiner Seelen, Jes. 38, 15.[305]

„Wie oft bin ich mit meinem Stock hinaus in die Küche gekrochen, um daselbst vor Gott alleine zu winseln! wie oft habe ich daselbst mit gebogenen Knien meines Jesu Angesicht gesuchet! (hier weinte sie bitterlich) und er hat sich finden lassen, und mir alle meine Sünde vergeben. Das weiß ich gewiß. Denn meine Angst und Traurigkeit hat sich in lauter Friede und Freude verkehret usw."[306] Sie hat auch von diesem Kampf in ihrem lezteren Gebet gedacht, und dadurch das Volk zu einem rechten Ernst erwecken wollen. Man siehet also wohl, daß es noch immer bleibe bey Jesu Wort: Ringet darnach, daß ihr eingehet durch die enge Pforte usw. Luc. 13, 24.[307] Gott gebe! daß viele durch unsere ernstliche Anna Martha zu gleichem Ernst sich mögen erwecken lassen. Wir ruffen bey dieser guten Veranlassung einander billig zu:

---

304 Hiskia war König von Juda in den Jahren 725 v. Chr. bis 696 v. Chr. Siehe RGG⁴, Bd. 3, Tübingen 2000, Sp. 1791.

305 „Was soll ich reden? Er hat mir's zugesagt und hat's auch getan! Ich werde in Demut wandeln all meine Lebtage nach solcher Betrübnis meiner Seele."

306 Vgl. Joh 16,20.

307 „Ringet darnach, daß ihr durch die enge Pforte eingehet; denn viele werden, das sage ich euch, darnach trachten, wie sie hineinkommen, und werden's nicht tun können."

Jesus wird von mir gesucht,
Jesus wird von mir begehret:
Alles, alles sey verflucht!
Was mich in dem Suchen stöhret.

[353] Sagt mir nichs[308] von Lust und Welt,
Sagt mir nichts von guten Tagen:
Wollt ihr aber ja was sagen,
Sagt, wie Jesus mir gefällt.
Ihr Gespielen, saget mir,
Wo ich finde, den ich meyne!
Ach! wer bringet mich zu dir?
Saget ihm: Ich sey nun seine.
Sagt, ich sey in ihn entbrannt,
Und mit Liebesmacht durchdrungen;
Saget ihm: Wie ich gerungen,
Da ich seinen Zug erkannt.*

> *Sind der 3. und 7. Vers aus dem Lied: Jesus ist das schönste
> Licht.[309] Lobensteinis. Ges. Buch,[310] p. 473.

Das IV. Capitel.
Wie Satanas diese Seelen in ihrem emsigen Suchen und Finden zu hindern gesuchet.

Inhalt.

Satanas hat sie zu hindern gesuchet, worüber sie klaget,
§. 1. Es hat sie versucht der Geist des Zorns, §. 2. Der
Geist der Lügen, §. 3. Der Geist der Unreinigkeit,

---

308 *nichs:* nichts.
309 Lied von Christian Friedrich Richter (1676–1711), in: Freylinghausen: Ge-
     sangbuch, Bd. 1, Teil 1, S. 486–88.
310 Geistl. Gesang-Buch, Vorstellend Einen guten Vorrath von alten und
     neuen Erbaulichen Liedern, zu Beförd. Christl. And[acht] ... besonders in
     denen Schulen und Kirchen der Gräfl. Reuß-Plauischen Herrschaft Lo-
     benstein und Ebersdorf, Schleitz 1723.

§. 4. Der Geist der Verläumdung, §. 5. Der Geist des Betrugs, §. 6. Der Mordgeist zur Desperation, §. 7. Mit Vergebung, §. 8. Mit entsetzlichen Dräuungen,[311] Fluchen, Schwören, Verdammen, §. 9.

§. 1.

Je ernstlicher nun unsere zur Busse erweckte Sünderin ihren Heiland suchte; je mehrere Hindernisse der alte Drach und Satanas, **[354]** der die ganze Welt verführet,[312] ihr suchte in den Weg zu werffen, dergestalt, daß fast keine Art höllischer Versuchungen zu erdenken ist, womit er an sie nicht gesetzt hat, und sie in ihrem Suchun[313] wo nicht gar aufzuhalten, jedoch wenigstens zu stöhren und müde zu machen. Worüber sie denn mehr, denn einmal in diese Worte, ganz voller Wehmuth, ausgebrochen: „Bin ich denn nicht ein unglückseliges armes Mensch! kömmt denn nicht alles über mich? Mein Gott! wie schleichet mir der Teufel nach, daß er mich um meine arme Seele bringen möge. Doch er soll sie nicht kriegen; Sey getrost meine Tochter! deine Sünden sind dir vergeben."[314] Also wußte sie ihren Jammer zu beklagen, aber auch sich wiederum selbst zu trösten. Wie sie denn zu anderer Zeit, bey hellen Stunden vor mir gesagt: „Sie sey doch aber auch vor vielen Gefangenen glückselig. Gott schenke ihr Zeit zur Busse. Er schicke ihr einen Knecht Gottes nach dem andern zu,[315] die ihr mit Trost, Lehre und Ermahnung an die Hand

---

311 *Dräuungen:* Drohungen.
312 *der alte Drach und Satanas, der die ganze Welt verführet:* Off 12,9.
313 *Suchun:* Suchen (Druckfehler).
314 *Sey getrost meine Tochter ...:* Anlehnung an Mt 9,2 („Sei getrost, mein Sohn ...").
315 Wie auch bei vergleichbar dokumentierten Fällen waren bei Anna Martha Hungerlandin mehrere Seelsorger mit der Betreuung und Unterweisung der Angeklagten betraut. Leider ermöglicht der vorliegende Text keine Aufschlüsse über die Identität der „Knechte Gottes".

giengen. Gott schenke ihr viele Freunde, so ein Mitleiden bezeigten. Sie habe eine mitleidige Obrigkeit. Ja zum geringsten[316] die Wächter wären gegen sie sehr leutselig," und was sie noch mehr anführte, als Vorzüge, deren sie sich vor vielen andern zu erfreuen hätte.

§. 2. Anfänglich steckte sich hinter ihr Fleisch und Blut der Geist des Zorns, und suchte, sonderlich wenn sie benebst andern Mitgefangenen [355] confrontiret[317] wurde, sie in einen unheiligen Zorn zu bringen, um dadurch die stille Arbeit des Geistes Gottes in ihr zu unterbrechen. Worinnen es ihm, vornemlich im Anfange, mehr denn einmal gelungen ist.

§. 3. Zu diesem gesellete sich der Geist der Lügen, welcher bald vermittelst der Tortur,[318] bald vermittelst anderer heillosen Menschen und ihrer Eingebungen sie dahin brachte, daß sie, so viel ihren Kindermord und ihre Mithelfere anlanget, bald so, bald anders redete, ob sie gleich (welches ihr mit Wahrheit nachzurühmen) sich selbsten von dem Blut ihres Kindes niemalen rein gesprochen hat.

§. 4. Immittelst da[319] dieses vorgienge, versuchte auch sein Heil an ihr der Geist der Unreinigkeit, ob er sie etwa, auch in ihren Banden, abermal stürzen möchte in die schwere Sünde der Hurerey und Ehebruchs, und zwar dieses durch verschiedene Werkzeuge. Wie sie selbst zu unzehligenmalen vor Gericht, im Gefängniß, vor dem Genuß des heil. Abendmahls, ja endlichen gar

---

316 *zum geringsten:* hier im Sinne von „sogar".
317 *andern Mitgefangenen confrontiret:* mit anderen Gefangenen zusammengeführt.
318 *Tortur:* Folter.
319 *Immittelst da:* während.

auf dem Chavott,[320] insgemein nicht ohne schauerliche Contestationen,[321] bezeuget hat. Aber dieser Teufel wurde an ihr zu Schanden, mit behörigem Ernst abgewiesen und glücklich überwunden. Mit wie vielen Millionen Thränen sie vor vielen Menschen von dieser Versuchung geredet, wissen die, so sie darum befragt haben, welche alle bezeugen werden, daß, was diese **[356]** Sache anlanget, sie niemalen auch nicht mit einer Sylbe sich widersprochen habe. †

> † Mir ist gesagt worden, daß unter andern ein sogenannter Geistlicher ihr solche fleischliche Schande zugemuthet, welches sie eben am meisten geschmerzet hat. Leider giebt es dergleichen Leute. Ist das aber nicht abscheulich, daß solche unflätige Teufelsapostel sich Kragen und Mantel[322] umhängen lassen? Wäre denselbigen Menschen nicht besser, daß sie Säue hüteten, oder nie gebohren wären?[323]

§. 5. Da der unreine Geist nichts an ihr hatte, so machte sich an sie der Geist der Verleumdung, und versuchte, ob er sie dahin bringen könte, daß sie das, was er ihr durch seine Werkzeuge zugemuthet, auf unschuldige Seelen bringen möchte, vorgebende, der und der habe es ihr geheissen, dergleichen greuliche Dinge auszusagen, es sey aber falsch und erlogen.

§. 6. Kaum hatte sie diesen Versucher überwunden, als sie vom Geiste des Betrugs gereitzet wurde, aus dem Gefängniß und Banden hinweg zu fliehen und auf solche Weise ihr Leben zu erhalten, man wolle sie da und dorthin bringen, wo sie es gut haben würde, und was man etwa sonst noch für güldene Berge ihr versprechen

---

320 *Chavott:* Schafott, Hinrichtungsstätte.
321 *Contestationen:* Aussagen, Zeugnisse.
322 *Kragen und Mantel:* Erkennungszeichen eines Geistlichen.
323 Vgl. Mk 14,21.

mochte. Man habe sie ein- oder etlichemal losgeschlossen und fortheißen gehen, aber sie habe vor Herzpochen nicht gekont. Als ich am 29 Aug. 1736. sie besuchte, erzehlte sie mir, daß jüngsthin etliche Männer, welche sie nicht gekannt, hinauf ins Gefängniß zu ihr gekommen, [357] sich hie und da umgesehen, und vorgegeben, weil es ihr so übel gehe, wollten sie einmal des Nachts kommen, sie abholen, in ein Closter bringen, da es ihr sehr wohl gehen würde usw. Worauf sie versetzet: Sie müsse erst mit ihrem Seelsorger davon reden.

§. 7. Ueber das alles wurde sie endlich vom Mordgeist versuchet zur Desperation.[324] Einstmals sey (wie sie sagte) ein gewisses Höllenkind zu ihr gekommen, habe ihr ein Giftpulver dargeboten, mit Bitte, selbiges einzunehmen, sintemalen[325] die Herren Commissarii albereit angekommen wären, die denn mit ihr wie die N. N. umgehen würden, dahero sie wohl thun würde, wo sie sich vergebe, so käme sie doch weg, und würde ihrer Last loß. Sie habe zwar das Giftpulver angenommen, aber selbiges sofort den fürstl. Herren Commissariis überschicket, welche, in Meinung, es sey ein Pulver, so sie vom Medico erhalten, es wieder zurück geschicket, worauf folgende Nacht ihr dasselbe aus der Tasche genommen worden.

§. 8. Da der Mordgeist sie nicht zur Verzweifelung bringen können, habe er ihr (wie sie mir den 6. Aug. 1736. erzehlet) etlichemal Gift ins Essen practiciret,[326] ja (da er auch damit zu seinem Zweck nicht gelangen können,) endlich einen verruchten Buben dahin vermocht, des

---

324 *Desperation:* Verzweiflung, als in den Selbstmord treibende Anfechtung.
325 *sintemalen:* zumal.
326 *practiciret:* etwas unbemerkt an eine Stelle bringen. Deutsches Wörterbuch, Bd. 13, Sp. 2054.

Nachts im Schlaf sie zu überfallen, um ihr die Gurgel abzuschneiden. Da sie aber darüber er=[**358**]wachet und so wehelich gethan, habe es selbigen gejammert, und von ihr abgelassen. Jedoch habe er ihr mit seinen Nägeln (oder Messer) einen ziemlichen Ritz in ihren Hals gebracht, welchen sie mir bey der Gelegenheit, zu meiner Erstaunung, zeigte.

§. 9. Hierauf habe Satanas durch seine Werkzeuge noch allerley versuchet, sie in ihrem guten Anfang zu hindern. Bald habe sie die allerentsetzlichsten Flüche und Schwüre, bald die abscheulichsten Vermessungen[327] hören müssen, wie man mit ihr noch verfahren wollte, und das insgemein, wenn sie aus- und angeschlossen werden sollen, wo sie nicht von den verfluchten Pfaffen ablassen wollte, die sie doch noch ums Leben bringen würden. Man habe ihr auch Geld geboten, zu Erkaufung ihres Kopffes, alles mit der Bedingung, statt der ausgesagten Wahrheit, Lügen vorzubringen. Viele hundert Menschen aus allerley Ständen hätten sie verworffen und verdammt, darum, daß sie die Wahrheit geredet, wovon jedoch ein guter Theil, bald nachhero, auf andere Gedanken gekommen wären. Kurz: Satanas habe alles ersinnliche hervor gesuchet, womit er sie irre machen mögen; aber sie habe allemal gedacht an die so gar treuherzige Warnungen und redlichen Unterricht, womit man ihr an die Hand gegangen sey, und auf diese Weise sey sie, unter herzlichem Gebet, unüberwindlich geblieben. Laß uns, mein Leser! [**359**] hier Anlaß nehmen an jenen treuherzigen Zuruf der Kirche zu gedenken:

---

327 *Vermessungen:* falsche Behauptungen.

Wache! daß dich Satans List
Nicht im Schlaf antreffe;
Weil er sonst behende ist,
Daß er dich beäffe;
Und Gott giebt, die er liebt,
Oft in seine Strafen,
Wenn sie sicher schlafen.[328]

Das V. Capitel.
Wie der Heiland, aller Hindernisse ungeachtet, sie
doch endlich gefunden, und sie hinwiederum ihn.

Inhalt.

Christus findet die Seele im Gericht der Rechtfertigung,
§. 1. Aber das Punctum und Augenblick weiß niemand,
§. 2. Diese Seele hat Jesus gefunden bey Ankündigung
des ersten Todesurtheils, §. 3. Und zwar zu recht gele-
gener Zeit, §. 4. Wie erhellet aus dem, was dazumal mit
ihr vorgegangen, §. 5.

§. 1.
Christus wird von der Seele, und die Seele hinwiederum
von Christo nirgend anders gefunden, denn *in foro div.
justificationis,*[329] oder wenn Gott der Herr dem armen
Sünder aus Gnaden, um des Glaubens willen an Christum, alle Schulden und Strafen seiner Sünden vergie-
bet, seinen Nahmen ins Buch des Lebens[330] einschrei-
bet, und ihn vor einen Erben des **[360]** ewigen Le-

---

328 Vierte Strophe des Liedes „Mache dich, mein Geist, bereit, wache, fleh und
    bete" von Johann Burchard Freystein (1671–1718), in: Freylinghausen:
    Gesangbuch, Bd. 1, Teil 1, S. 416 f. (EKG 261, EG 387).
329 *in foro div. justificationis:* im Moment göttlicher Rechtfertigung.
330 *Buch des Lebens:* Offb 3,5; 17,8; 20,15.

bens [331] erkläret, benebst dem darauf folgenden süssen Zeugniß des Heiligen Geistes, daß er Gottes Kind sey,[332] und Vergebung aller Sünden habe, da findet Jesus die Seele, als einen Sünder, der da muß von seinen Sünden selig gemachet werden, und die Seele findet Jesum, als einen Heiland, der sein Volck selig machet von seinen Sünden, Matth. 1, 21.[333]

§. 2. Gleichwie nun das *punctum justificationis,* oder der Zeitpunct, da Gott den Sünder von seinen Sünden lospricht, zeithero noch von niemanden erforschet, noch angezeiget werden mögen! also würde es eine sträfliche Vermessenheit seyn, daferne ich mich unterfangen wollte, Tag, Stunde und Minute zu benennen, da diese arme bußfertige Sünderin von Jesu, und Jesus von ihr gefunden worden sey. Denn niemand weiß, was in Gott ist (und in ihm, in Ansehung unserer, vorgehet) ohne der Geist Gottes, I Cor., 2. 11.[334]†

† Die Zeit der Annehmung des Sünders im Himmel bey einzelen Menschen genau zu bestimmen, wäre freylich ein unnützer und sträflicher Vorwitz. Ueberhaupt aber stehet die Regel veste: Sobald es der Seele ein ganzer Ernst wird, allen Sünden abzusagen, und Jesum zu suchen: In demselben Augenblick hat er sie gefunden, und im Himmel schon absolviret. Sie selbst aber weiß es noch nicht; und kann alsdenn erst sagen, daß sie Jesum gefunden habe, wenn sie von der Vergebung ihrer Sünden versichert wird. Und da findet sie Jesus auf eine solche Weise, daß sie es selbst schmecket und siehet, sie sey gefunden.

331 *Erben des ewigen Lebens:* Titus 3,7.
332 Vgl. Röm 8,16.
333 „Und sie wird einen Sohn gebären, des Namen sollst du Jesus heißen; denn er wird sein Volk selig machen von ihren Sünden."
334 „Denn welcher Mensch weiß, was im Menschen ist, als der Geist des Menschen, der in ihm ist? Also auch weiß niemand, was in Gott ist, als der Geist Gottes."

[361] §. 3. Jedoch, da die Frucht und Wirkung von der Ursache zeuget, und also aus dem Bezeigen, Werken, Leben, Thun und Lassen eines gerechtfertigten Sünders, oder wiedergefundenen Kindes Gottes gar bald abgenommen werden kann, wenn und zu welcher Zeit überhaupt die Sünde vergeben, das Leben geschenket, und die Seele von Jesu gefunden worden sey: so nehme ich keinen Anstand[335] zu sagen, daß der Herr Jesus diese arme Seele, mit gnädiger Vergebung aller ihrer Sünden eigentlich gefunden, zu der Zeit, an dem Tag, und in der Stunde, woran ihr zum erstenmal ein Todes-Urtheil (so aber, aus sichern Ursachen, nicht zur Execution gekommen) in meiner Gegenwart angekündiget worden ist, so geschehen den 8. Sept. 1736.[336]

§. 4. Und zwar ganz *à propos,* und zu gewünschter Zeit. Denn da sie im Gericht auf Erden von Menschen, um ihrer Sünden willen, zum Tode verdammet wurde; so fügte es der Herr so, daß im Gerichte Gottes im Himmel sie von Gott aller ihrer Sünden entlassen, und mit dem Leben beschenket wurde. Da gienge denn im allereigentlichsten Verstande in seine Erfüllung, was Hieronymus spricht: Wenn wir auf Erden von Menschen verdammt werden, so spricht uns Gott im Himmel los.[337]

§. 5. Wollte jemand fragen: Woraus ich schliessen wolle, daß Jesus Christus dazumal dieses verlohrne Schäflein wirklich gefunden [362] habe, und sie hinwiederum ihren Herrn Jesum? So gebe ich ihme das, was ich von Tag zu Tag, nach aller Wahrheit, gleich dazumal in mein Diarium eingetragen, hiermit zur stillen Beherzigung

---

335 *nehme ich keinen Anstand:* habe ich keine Scheu.
336 Welches die „guten Gründe" waren, das erste Todesurteil nicht zu vollstrecken, wird nicht gesagt.
337 Herkunft des Hieronymus-Zitats konnte nicht ermittelt werden.

anheim, mit der Versicherung vor Gott, daß ich nicht mehr aufgesetzet,[338] als ich für meine Person allein angemerket, wohl aber weniger. Denn wo alles sollte nur mit wenigen beschrieben werden, was nur ich allein dazumalen gesehen und gehöret, würden gewiß etliche Bogen kaum hinreichen; nicht zu gedenken dessen, was in selbigen Tagen zwischen ihr und andern Menschen, theils aus dem Wehr- theils Lehr- theils Nähr- Stande[339] vor Reden gefallen und abgehandelt worden. Wovon insonderheit viele benachbarte Prediger der Großenrudestedtischen Inspection, so sie besuchet, vieles sagen könnten. Wir wollen aber nur etwas weniges hievon im folgenden Capitel sprechen. Erheben aber vorhero unser Herz zu Gott, und seufzen:

Wenn ich vor Gericht soll treten,
Da man nicht entfliehen kan,
Ach! so wollest du mich retten,
Und dich meiner nehmen an usw.[340] Amen!

[363] Das VI. Capitel.
Wie sie sich als ein gefundenes Schäflein[341] bewiesen
bey und kurz nach Anhörung ihres ersten
Todesurtheils.
Inhalt:

---

338 *aufgesetzet:* aufgeschrieben.
339 *Wehrstand, Lehrstand, Nährstand:* gemäß der frühneuzeitlichen Dreiständelehre.
340 Kümmelmann zitiert die ersten vier Verse der neunten Strophe des Liedes „Jesu, der du meine Seele" von Johann Rist (1607–1667), in: Freylinghausen: Gesangbuch, Bd. 1, Teil 1, S. 367 f.; Eisenachisches Neu-Vermehrtes Gesangbuch, 1712, S. 434–437.
341 Vgl. Anm. 269.

Sie bewiese sich als ein gefundenes Schäflein am 8. Sept. bey Publicirung ihres ersten Todesurtheils, §. 1. bey meinem ersten Besuche gleich darauf, §. 2. beym andern Besuche, §. 3. bey dem dritten Besuche, §. 4. bey dem vierten Besuch und im Examen, §. 5. 6. 7. 8. bey dem fünften Besuche, § 9. 10. bey dem sechsten Besuche, §. 11. 12. bey dem siebenden Besuche §. 13. 14. und auch, nachdem ihr wissend gemacht worden, daß die Execution nicht vor sich gehen werde, §. 15.

§. 1.

Als unserer Anna Martha den 8. Sept. 1736. Nachmittag, in meiner Gegenwart, vom Herrn Hofrath und Amtmann das erste Todesurtheil vorgelesen wurde, erblaßte sie zwar anfänglich einigermaßen, und zerflosse gleichsam in vielen Thränen; fassete sich aber gar bald wieder, wischte die Thränen von ihren Augen, sahe alle Gegenwärtige mit einer überaus vergnügten und frölichen Mine an, und brach in folgende Worte aus: „Gott Lob und Dank, daß es endlich einmal mit mir zu Ende gehet! so nimmt doch alle mein Elend auf einmal ein Ende, so werde ich doch aus meinem Gefängniß und Banden erlöset. Nun will ich mich auch recht zubereiten. Ich will an gar nichts mehr geden-[364]ken, als wie ich möge selig werden. Ich begehre nun nicht mehr zu leben. Ich sehe meinen Todestag an, als meinen Hochzeittag,[342] und will mich weiter um nichts bekümmern, denn um meinen Brautschmuck[343] usw." Hierauf fieng sie an zu ihrer selbst eigenen Aufrichtung, die kräftigsten Macht- und Trostsprüche sowol aus der heiligen Schrift, als erbaulichen Gesängen, mit so ausnehmen-

---

342 Vgl. Offb 19,7–9. Vgl. Anm. 149, 205, 221.
343 Vgl. Jes 61,10.

der Freudig- und Freundlichkeit, und in solcher Menge anzuführen, daß wir allerseits in große Verwunderung gesetzet wurden, und nicht ohne Bewegung bleiben konnten. Nachdem sie nun über eine Stunde so recht aus der Fülle ihres getrösteten Herzens geredet, auch, auf nochmalige Anfrage und ernstliche Vorstellung, ihre bisherige Aussagen bekräftiget hatte, gienge sie mit einen frölgen Adjeu wieder in ihr Gefängniß.

§. 2. Wir nahmen hiervon Anlaß, den treuen Sünder-freund[344] herzlich zu preisen, ich aber insonderheit verspürte große Freudigkeit, sie sofort zu besuchen. So bald ich zur Stuben hinein trat, gienge sie mir mit sonderbarer Freudigkeit entgegen, gab mir beyde Hände, und sprach: „Ich empfinde eine unaussprechliche Erquicklichkeit. Ich weiß nicht, wo nur die Freude herkömmet." Ich gab ihr zu verstehen, es würden gewiß auf diese Freuden noch Trauerstunden kommen, darum möchte sie sich anietzo nur wacker stärken im Glauben an den gnädigen Heiland, und auf die Stunde der Anfechtung sich recht zubereiten. [365] Hierauf antwortete sie: „Es mag immer kommen, ich weiß doch, Gott werde mich nicht verlassen, ich habe *NB.*[345] die gewisse Versicherung, daß mir alle meine Sünden vergeben sind, und fienge an, Gott herzlich zu preisen vor die Gnade, so er in ihren Banden ihr erzeiget, ja sie küßte ihre Banden, bezeugte eine Freude, daß sie zu Gott käme, fienge etliche Liederchen an mit frölichen Munde zu singen, betete unter vielen Thränen, mit großer Inbrunst, aus ihrem Herzen, und ließ mich endlich nach vielem Drücken und Küssen meiner Hände von sich.

§. 3. Den 9., war der *XV.* Sonntag nach Trinitat. früh vor

---

344 Geläufig für Jesus.
345 *NB:* nota bene; wohlgemerkt, übrigens.

dem öffentl. Gottesdienste, gieng ich wieder zu ihr, und fand sie, wiewohl in eben der Freude, doch aber auch in mehrerer Stille. Sie erzehlte mir, daß sie die meiste Zeit der verflossenen Nacht theils mit Singen und Beten, theils im Traum mit Gott zugebracht habe. Sie sagte unter andern: „Es wäre des Nachts im Traum jemand zu ihr gekommen, und habe mit einer ganz unvergleichlichen Stimme das Lied: Jerusalem, du hochgebaute Stadt usw.[346] vorgesungen, von welchem sie vorhero nicht gewust, habe es aber im Gesangbuche gefunden. †

† Träume haben zwar weder mit dem Grunde noch Wesen des Christenthums was zu schaffen. Sie werden aber doch durch dasselbe geheiliget. Unordentliche und mit sündlichen Vorstellungen vermengte Träume können redlichen Seelen viele Noth machen. Da ists ihnen freylich eine große Wohlthat, wenn ihnen ein-[**366**]mal wiederfähret, was sie singen: Mein Traum (soll seyn) die süsse Lust, die aus dem Wort des Lebens fleußt, und dein Geist in mein Herz eingeußt.[347]

§. 4. Nachmittag besuchte sie abermal, da sie denn folgende erweckliche Reden führte: „Ich freue mich recht auf meinen Hochzeittag. Ich habe mit nichts mehr, denn nur allein mit meinem Schmuck zu thun. O Freude über Freude! daß Jesus mir will entgegen kommen. Was wird er an mir noch vor Barmherzigkeit thun? Geben sie nur Achtung, (mir die Hand gebende) er wird mir Gnade geben, so zu sterben, daß sie mich nicht vergessen, so lange sie leben. Ich freue mich recht,

---

346 Vgl. Anm. 295.
347 Zitat aus der 7. Strophe des Liedes „Der lieben Sonne Licht und Pracht" von Christian Scriver (1629–1693), in: Geistl. Gesang-Buch ... der Gräfl. Reuß-Plauischen Herrschaft Lobenstein und Ebersdorf, Schleitz 1723, S. 132–134. Vgl. auch Freylinghausen: Gesangbuch, Bd. 2, Teil 2, S. 876 f. (EKG 363). Siehe ferner Joseph Theodor Müller, Hymnologisches Handbuch zum Gesangbuch der Brüdergemeine, Gnadau 1916, S. 98.

recht[348] darauf. Und wenn jetzo (fuhr sie fort) mir jemand wollte eine Schürze mit Gold und Silber geben, und mir das Leben dazu schenken, so wollte ich sagen: Weg! weg damit! Ich nehme, (sprach sie weiter) nichts mit in die Ewigkeit. Ich thue niemand unrecht. Ich will deshalber mit aller Freudigkeit vor Gottes Gericht erscheinen. Gott vergebe es denen, die mich im Gefängniß haben zum Bösen verleiten wollen, wo sie nicht Busse thun, werden sie es schwer zu verantworten haben. Ach! wenn ich nur morgen schon sterben sollte. Gott wird dem lieben Landesvater[349] den Himmel dafür geben, daß er mir so eine gnädige Strafe angedeyhen lässet. Ich fürchte mich gar nicht, kein Bisgen; und warum solt ich mich fürchten? es ist ja um einen Augenblick zu thun. Er (auf **[367]** mich deutende) muß mich begleiten, ja das bitte ich mir aus, und die lezte ganze Nacht bey mir bleiben, da wollen wir noch recht mit einander beten und singen. Lassen sie sichs nicht reuen, daß sie so oft zu mir gekommen sind, wenn ich gleich nicht allemal gefolget habe, so hat es mich doch von mehrern Sünden bewahret. Wenn mir so etwas Böses zugemuthet wurde, dachte ich allemal an ihre treuherzige Worte. Gott wird Ihnen den Himmel dafür geben." Diese und andere dergleichen schöne Worte habe von jenem Besuch gleich damalen notiret und eingetragen.

§. 5. Da dieß Gerüchte von der Inquisitin ausnehmender Freudigkeit erschollen war, hörete man allerley lieblose Urtheile. Einige hiessen es bloßes Naturwerk, andere Frechheit, andere Heucheley, ja etliche, da die

---

348 Doppelung im Text. Mündlich eine verstärkende Emphase nachbildend, vgl. das heute geläufige „sehr, sehr".
349 Wilhelm Heinrich von Sachsen-Eisenach (1691–1741), Herzog ab 1729. Wilhelm-Heinrich blieb kinderlos, weshalb das Fürstentum nach seinem Tod an Sachsen-Weimar fiel.

Execution nicht vor sich ging, scheueten sich nicht, in den Tag hinein zu schreyen: man habe es der Hunger-landin gleich gestecket, daß es nur ein Schreckschuß sey, darum könnt sie ja wohl freudig seyn. Ob nun gleich ich mir eines bessern bewußt war, auch vorher sahe, wie der Ausgang ganz ein anderes lehren werde: so nahm ich doch Gelegenheit einstmals ihre Freude verdächtig zu machen, und auf derselben rechten Grund zu fühlen. Dahero, als ich am 13. Sept. 1736. zu ihr kam, ich sie fol-gendermaßen fragte, und zugleich von ihr, mit großer Gewißheit und Freudigkeit, folgende Antworten erhiel-te.

[368] §. 6. „Ich: Wie finde ich euch? Sie: recht wohl. Ich: Seyd ihr noch immer so freudig? Sie: ach ja! immer mehr! je näher ich zu meinem Tode komme. Ich: Ist denn aber auch eure Freude eine wahre Freude? Sie: ach ja! Ich: Aber woher wollt ihr das wissen? Sie: Aus der Kraft in meinem Herzen. Es lebet alles in mir. Es be-wegt sich alles in mir. Ich: Warum freuet ihr euch aber so sehr? Sie: Weil mir mein Heiland alle meine Sünden vergeben hat. Ich: Wißt ihr das gewiß? Sie: Ja, ich habe die gewisse Versicherung, (schlug mit ihren beyden Händen auf ihre Brust, und machte überaus liebliche Minen.) Ich: Wird euch nicht manchmal ein Bißgen bange, wenn ihr bedenket, daß der Tag des Todes immer näher komme? Sie: nicht einmal. Ich: sollten nicht noch trübe Stunden kommen, da euer Glaube geprüfet, und eure Freude gereiniget werden wird? Sie: Nein! nein! Gott erhält mich bey der Freude bis an mein Ende. Ich weiß, er giebt mir ein recht fröhliches Ende." Wie denn geschehen.

§. 7. Nach diesem Examine, (aus welchem die Plero-phori[350] oder die Gewiß- und Freudigkeit ihres Glau-bens, meines Erachtens, gar klar erhellet) erzehlte sie mir, „welchergestalt Herr M. N. von N. (der sie benebst mir zum Tode begleiten sollte) dreymal bey ihr gewesen, und sie recht scharf angeredet habe, wegen des N. Gott habe ihr aber so viele Gnade geschenket, daß sie [369] ihn auf alle Einwürfe mit Freudigkeit antworten können, und ob er ihr gleich ihre Freude verdächtig machen wollen, habe er doch nicht aufkommen können. Gleichergestalt sey Herr Pfarr N. von N. anfänglich sehr hart gegen sie gewesen, habe ihr auch starr und steif ins Angesicht gesehen, auch den Wächtern befohlen, auf sie Achtung zu geben; da er aber ihr standhafte Freudigkeit gesehen, sey er in Thränen zerflossen, habe sich gewundert und gesagt: Ich bin nun schon grau, liebes Menschgen! sagt mir, sollte ich denn auch wohl eines so freudigen Todes sterben können?" Worauf dieser Pfarr von ihr weggegangen, und vor den Herrn Hofrath Zerbsten gesagt: „Dergleichen Freudigkeit habe er bey einem zum Tode Verdammten noch nie angetroffen."

§. 8. Wir sungen hierauf, auf ihr Begehren, etliche erweckliche Liederchen, als: Wacht auf ihr Jungfrauen alle usw.[351] Gott Lob! ein Schritt zur Ewigkeit usw.[352] Immer frölich, immer frölich usw.[353] und beteten mit einander; da sie denn mit großem Nachdruck alle Worte

---

350 *Plerophorie:* Nachbildung des neutestamentlichen πληροφορία, Hebr 10,22, Fülle, volle Zuversicht.
351 Möglicherweise ist das Lied „Wachet wachet ihr Jungfrauen, Wacht! der Bräutgam bricht herein" von Jacob Gabriel Wolf (1684–1754) gemeint.
352 Siehe Anm. 293.
353 *Immer frölich, immer frölich, Ich bin auf der Welt schon selig:* Lied von Magnus Daniel Omeis, zuerst gedruckt in: Heinrich Müller, Erquickstunden, Nürnberg 1673; Johann Anastius Freylinghausen: Geist=reiches Gesang=Buch, den Kern alter und neuer Lieder in sich haltend: Jetzo von neuen so eingerichtet, Daß alle Gesänge, so in den vorhin unter diesen Namen alhier herausgekommenen Gesang-Büchern befindlich, unter ihre Rubriquen zusammengebracht, auch die Noten aller alten und neuen Melodeyen beygefüget worden, und mit einem Vorbericht herausgegeben / von Gotthilf August Francken, Halle 1741, Teil 2, S. 530; Näheres s. Fischer, Kirchenlexikon S. 406.

nachsprach. Als wir aber aufhöreten, sahe sie steif und starr gen Himmel, und sprach endlich: „Wir hätten sie nicht stöhren sollen, es habe sich der ganze Himmel von einander gethan,[354] es sey ganz unvergleichlich, was sie gesehen und empfinde." Wie denn (da sie mir diß leztere ins Ohr sagte) ihr ganzer Leib zitterte. Endlich bat sie mich, ihre Sterbelieder auszulesen,[355] und ließ mich dißmal gehen.

[370] §. 9. Mittags hörete, daß jemand gesagt habe: Man habe dem Menschen weiß gemachet, sie werde Pardon erlangen, darum sey sie so frölich. Es sey nicht vom Heiligen Geist, dieser sey ein Geist der Wahrheit, und könne bey dieser Lügeninquisitin nicht seyn, man treffe ja in ihren Acten gar zu viele Lügen an. Welches ihme und allen denen, so gerne nachlästern, zu selbst eigener Verantwortung überlassen wird.

§. 10. Abends um 5 Uhr fande sie in gleicher Verfassung des Gemüthes. Da ich ihr erstgemeldetes (§.9.) erzehlete, lächelte sie und sprach: „Lasse er sie immer reden. Es ist um ein kleines, so habe ich alle meine Verfolgung und Lästerung überwunden. Ich wollte mit niemanden jetzo tauschen. Wenn gleich jemand spräche: Ich will mich an deine Stelle setzen, so wollte ich es doch lange nicht thun." Als ein sicherer[356] Freund zur Thür hinein trat, und mit ihr zum erstenmal redete; bewillkommete sie ihn nicht allein sehr liebreich, sondern antwortete auch sehr bescheiden und freudigst, also, daß er sagte:

---

354 Bezug auf den Bericht vom Sterben des Stephanus, Apg 7,55: „Siehe ich sehe den Himmel offen", vgl. das Buch von Johann Henrich Reitz: Der geöffnete Himmel [...] Zur Prüfung seiner selbsten [...] Tilgung der Lüsten [...] und zu Entdeckung der listigen Schalckheit und Tieffen des Satans, Wetzlar 1796, 2. Verb. Aufl. Wetzlar 1705.

355 *auszulesen:* zusammenzusuchen.

356 *ein sicherer:* ein gewisser, vgl. Anm. 240.

Das habe er sich nicht eingebildet. Wenn wir mit ihr beteten, oder sungen, so lächelte sie in einem weg, und man konnte gar deutlich verspüren, daß sie nicht wisse, die Freude alle zu beherbergen in ihrer engen Herzenskammer. Sie redete dazumal von ihrem Stupratore[357] (der sie in diß Unglück gestürzet,) mit solcher Sanftmuth, daß man sich wundern mußte. Wenn wir auf die Krone der Herrlichkeit[358] zu reden kamen, hüpffete ihr sonderlich das **[371]** Herz. Beym Abschied drückte und küßte sie meine Hände, mit der angelegentlichsten Bitte, ja ja den 16. wieder zu kommen, und bis zum 18. als den Tag ihrer Hochzeit, bey ihr zu bleiben.

§. 11. Den 16. Sept. war auch zugleich der *XVI. p. Trin.*[359] nach geendigten öffentlichen Gottesdienst, machte mich auf, und fuhr zu meiner Inquisitin. Ich fande bey ihr in der Stube benebst andern vielen Leuten, auch Herrn. P. N. und Herrn N. da diese weggiengen, eröfnete mir die Elende mit Wehmuth, wie gar sehr hart diese beyde Herren sie angelassen,[360] wie sie selbige mit Gewalt (wegen einer sichern Aussage) zur Lügnerin, ja zu einem gottlosen Menschen machen wollen, und sie sehr angefahren.[361] Und wiewohl, sie Inquisitin, sehr liebreich auf alle Puncte geantwortet, auch den Herrn P. N. etlichemal um Christi Wunden willen gebeten, sie mit dergleichen harten Bezeigen zu verschonen, habe sie doch ihre Herzen nicht erweichen können, dahero sie endlich ausgebrochen: „Sie wolle vor dem Gerichte Gottes über alle diejenigen schreyen, welche sie solcher massen plagten."

---

357 *ihrem Stupratore:* Schänder, Vergewaltiger; gemeint ist der Tanzpartner, von dem sich die Hungerlandin hatte verführen lassen.
358 *Krone der Herrlichkeit:* 1Petr 5,4: „So werdet ihr, wenn erscheinen wird der Erzhirte, die unvergängliche Krone der Herrlichkeit empfangen."
359 *der XVI. p. Trin.:* 16. Sonntag nach Trinitatis.
360 *angelassen:* gescholten; beschimpft.
361 *angefahren:* zusammengestaucht, beschimpft.

Welche Rede ihr diese Herren für ein Merkmahl eines unbekehrten Zustandes auslegen wollen. Jedoch hätten sie solche am Ende wieder mit Trost aufgerichtet. Ich betrübte mich zwar anfänglich hierüber, erkannte aber bald darauf, benebst dem Herrn Hofrath Zerbst, daß die Hand Gottes mit im Spiele sey, welches sich nach einer Jahresfrist, nemlich kurz vor dem Ende unserer lieben Hungerlandin, [372] auf eine gar sonderbar eclatante Weise zu Tage legte, wenn die heilige Weisheit Gottes es so wunderbar fügte, daß dieser liebe Mann gar Befehl erhielte, unsere Inquisitin zum Tode präpariren und begleiten zu helfen. Denn da er vormalen mit dem Donner des Gesetzes sie zu schrecken gesuchet, und gleichwol kein ander Bekenntniß erfolgen wollen, so konnte er nunmehro mit desto größerer Gewißheit und Freudigkeit, mit den lieblichen Verheissungen des süssen Evangelii sie desto kräftiger aufrichten, sie in ihrer empfangenen Freudigkeit stärken, dem Lästerer das Maul stopfen,[362] sich aus ihrem Umgange erbauen, und ohne alle Furcht, als ob seine Arbeit vergeblich seyn werde, alle Treue an ihr beweisen. Sehet, also vorbereitet uns die ewige Weisheit,[363] unvermerkter Weise, lange Zeit vorhero zu dem, was wir, wider jedermans Vermuthen, erst über lang schaffen und ausrichten sollen. Gott gebe! daß wir künftig, in Beurtheilung anderer, Behutsamkeit beweisen mögen. Denn es gilt noch immer JEsu Wort: Was ich thu, weißest du jetzt nicht, du wirsts aber hernach erfahren.[364]

---

362 Vgl. Tit 1,11.
363 *die ewige Weisheit:* Eine der zahllosen Gottesbezeichnungen des Pietismus, nach SapSal 17,2, vgl. den anonym von Johann Friedrich Haug herausgegebenen Sammelband THEOSOPHIA PNEUMATICA; Vorrede, S. B6ᵛ/B7ᵛ; sowie Schrader: Die Sprache Canaan, S. 76. Vgl. Anm. 259.
364 Joh 13,7.

§. 12. Zu unserer Anna Martha wiederum zu kommen, so fuhr sie fort zu erzählen: Ihr Vater habe über die Schande geklaget, so sie ihm zuziehe; allein sie habe ihn mit folgenden Worten aufgerichtet: „Sie achte es nicht, ob sie gleich vor aller Welt zu Schanden werde, er solle es auch so machen. Sie habe genug, daß sie zu Gott käme, und bey ihm Ehre habe. Das wisse [373] sie gewiß." Fragte ich sie: Was sie denn gegenwärtigen Leutgen (davon die Stube voll war) zum Abschied hinterlasse? so antwortete sie: „Ich wünsche ihnen allen zerknirschte Herzen und wahre Busse, daß sie selig werden mögen." Wovon ich Gelegenheit nahm, eine kurze Vermahnung an die Umstehende zu thun, welche sie mit Thränen anhöreten. Ich fragte sie nochmalen: Woher sie wisse, daß ihre Freude eine göttliche Freude sey? Worauf sie anfänglich ein wenig stutzte, bald aber antwortete: Aus der wahren Busse, welche vorhergegangen. Wovon ich Anlaß nahm, den Lästerern zu begegnen, welche ihre Freude für eine Phanthasie ausschreyen wolten. Sie hatte eine Freude an den Kindergen, welche da eine so feine Aufmerksamkeit bewiesen. Und da eine sichere Freundin von ihr mit Thränen Abschied nahm in dem Liedgen: Gute Nacht, ihr eitlen Freuden,[365] sagte sie: Nun will ich auch gute Nacht von ihr nehmen, und hub an mit lauter Stimme das Lied zu singen: Valet will ich dir geben usw.[366] Sie herzete, küssete und drückte alle Personen ihres Geschlechtes, welche sie kannte, bey diesem Abschiede. Zu meinem Knechte, der beym Abschiede vor ihr sagte: Wenn nur

---

365 Lied von Peter Sohren (ca. 1630–1692), in: Freylinghausen: Gesangbuch, Bd. 1, Teil 1, S. 127 f.
366 Lied von Valerius Herberger (1562–1627), in: Freylinghausen: Gesangbuch, Bd. 1, Teil 2, S. 818 (EKG 318); Eisenachisches Neu-Vermehrtes Gesangbuch, 1712, S. 926 f.
367 *systematische Busse:* formelhafte Buße.

das Herzenshaus wohl bestellet ist, sprach sie: „Ja wohl! O ja! es ist bestellt. Zu tausendmal gute Nacht! Im Himmel sprechen wir hoffentlich einander wieder." Da ich nun von ihr gehen wollte, sagte sie: Wenn ich heute noch einmal wiederkommen wollte, so wolle sie mich gehen las-[374]sen; und da ich es versprach, reichte sie mir die Hand, und sprach: Ist es wahr? gebe er mir die Hand darauf.

§. 13. Ich hatte hierauf die Ehre, mit dem Herrn Hofrath zu speisen, da denn unter andern auch von der Anna Martha geredet wurde, sonderlich von ihrer Buße, von welcher ich sagte: es schiene keine systematische Buße[367] zu seyn, sondern eine Schächers-Buße,[368] allein der Herr Informator[369] des Herrn Hofraths verneinte dieses, und gedachte, welchergestalt ihme die Inquisitin erzählet, welche grosse Angst sie in ihrer Seele empfunden, sonderlich währender fürstlicher Commmißion, und wie gewaltig sie da gerungen habe.

§. 14. Nach Tische traf bey ihr an einen ganzen Tisch voll guter Seelen, so sie aus Liebe besuchet. Sie lasen mit einander das 17. Cap. Joh. und waren eben an den Worten: Ich bitte für die, die du mir gegeben hast.[370] Welche Worte ich nahm, sie an ihr Herz legte,[371] mit Bitte, in der Stunde des Todes damit sich aufzurichten. Ich fragte gelegentlich, weme sie denn ihre Büchergen vermachen wolle? und bekam zur Antwort: Sie wären schon alle verschenkt. Ob sie mir (versetzte ich) denn

---

368 *eine Schächers-Busse:* eine aufrichtige Buße unter dem Eindruck des bevorstehenden Todes. Vgl. Lk 23,39–43.
369 *der Herr Informator:* der Lehrer der Kinder des Hofrats.
370 Joh 17,9: „Ich bitte für sie und bitte nicht für die Welt, sondern für die, die du mir gegeben hast; denn sie sind dein."
371 Bezug auf Hhld 8,6 „wie ein Siegel auf mein Herz". Vgl. Anm. 146.

nichts vermachen wolle? Da bezeugte sie mit kläglichen Minen, daß sie mich vergessen. Worauf ich sagte: So will ich doch euch etwas schönes schenken, zog das Lied: Mein Heyland nimmt die Sünder an usw.[372] aus der Tasche, und gab es ihr. Sie liesse sich selbiges von einer ihrer guten Freundinnen sogleich vorlesen.[373] Wenn es [375] nun so am Ende des Verses hiesse: Mein Heyland nimmt die Sünder an, lächelte sie, und sprach mit einer überaus devoten Mine: Lautet es doch gar zu barmherzig. Wir beteten hierauf mit ihr, sangen etliche Versgen, und wie wir Müdigkeit an ihr verspürten (sintemalen sie den ganzen Tag gebetet, geschrien, gesungen, geredet, und vor Heiserkeit kaum mehr reden konnte) bat ich sie, die folgende Nacht recht sanfte und ohne Sorgen zu schlafen, und gieng weg.

§. 15. Als ich nacher Hause kam, gaben mir der Herr Hofrath Zerbst zu verstehen, die Execution werde diesmal schwerlich vor sich gehen.[374] Welch eine betrübte Post mir das gewesen, ist leicht zu erachten, vornemlich da ich Ursach hatte zu befürchten, die Wohlbereitete dürffe sich wieder zerstreuen,[375] und durch diese Post wieder vereitelt werden. Inzwischen legte ich sie, benebst meiner Arbeit, in das Herz Jesu, meldete es ihr

---

372 Lied von Leopold Franz Friedrich Lehr (1709–1744), erstmals erschienen in: Auserlesene Geistreiche Lieder zur öffentlichen und Besonderen Erbauung aller Gottseligen Gemuether, Cöthen 1733. Vgl. Koch, Geschichte des Kirchenlieds, Bd. 4, S. 446–454.

373 Auch wenn diese Aussage das Gegenteil suggeriert, bekundet die Erzählung klar die Lesefähigkeit der Angeklagten (vgl. z.B. S. 71). Ihre im selben Absatz erwähnte Heiserkeit scheint der Grund dafür zu sein, dass sie sich vorlesen ließ.

374 Der Text gibt keine Auskunft über die möglichen Gründe des Aufschubs der Hinrichtung.

375 *sich [...] zerstreuen:* Im Pietismus ein schroff negativer, weltliche Gesinnung bezeichnender Gegenbegriff zum „Sich sammeln" auf das zum Seelenheil Notwendige. Vgl. Langen, S. 110, 150 f.

Morgens in einem Brief, und gieng wieder nach Hause. Worauf mir ein lieber Freund meldete, unsre Anna Martha sey durch die Post, daß sie länger leben werde, in grosse Traurigkeit versetzet worden. Solchergestalt mochte ihre Parole seyn:

Ich begehr nicht mehr zu leben,
Ach! wenn mein Grab wär gemacht,
Wolt ich mich darein begeben,
Schnödes Leben, gute Nacht!
Sterben halt ich für Gewinn,
Schnödes Leben! fahre hin.[376]

[376] Das VII. Capitel.

Von dem fernern guten Bezeigen dieses wiedergefundenen Schäfleins.

Inhalt.

Inquisitin fähret in Guten fort. §. 1. und bezeiget sich wohl 1) gegen den Herrn ihren GOTT, §. 2. 2) wohl, gegen ihren Nächsten, §. 3. und 4. 3) wohl, gegen sich selbst, §. 5.

§. 1.

Ob ich nun gleich, wie gemeldet, nicht ohne Sorgen war, es dürfte unsere Anna Martha, bey langen Verweilen

---

376 Sterbelied von Johann Caspar Werner (1653–1717), Kantor in Schmalkalden. Siehe Koch, Geschichte des Kirchenlieds, Bd.5, S. 418. In Anlehnung an Hiob 7,16: „Ich begehre nicht mehr zu leben. Laß ab von mir, denn meine Tage sind eitel."

ihres Seelenfreundes,[377] im Glauben und Liebe wieder erkalten, gleich den thörichten Jungfrauen wieder einschlaffen, und am Ende von Jesu, in ihrem Tode unbereitet erfunden werden; so beschämte mich doch der Herrr mein GOTT in meinem sorgvollen Unglauben gar bald, wenn er unsere Inquisitin nicht alleine erhielt in ihrer Kraft, sondern das Gute in ihr täglich mehrete, wie man an ihrem täglichen Bezeigen gegen ihren lieben Gott, gegen ihren Nächsten und gegen sich selbst gar deutlich abnehmen konnte.

§. 2. Was nun anlanget das Jahr und zwey Monate, so sie von der Zeit ihres ersten Todesurtheils und dessen Ankündigung in ihren Banden zugebracht, so muß ihr jederman das Zeugniß geben, daß sie sich, so viel anlanget erstlich den Herrn Ihren Gott, währender dieser Zeit 1) sehr hungrig und durstig nach demselben[378] [377] bezeiget, und mehr denn einmal gewünschet habe, aufgelöset[379] und bey ihm zu seyn. Woraus denn 2) nichts anders fliessen können, denn ein herzliches Verlangen nach einem baldigen und seligen Ende. Wie sie denn nur zwey Wochen vorher, ehe ihr lezteres Urtheil ankam, mich theuer versicherte, daß, wiewol jederman davon rede, sie werde nun wol mit dem Leben davon kommen, sie gleichwol sich herzlich freuen würde, wenn es fein bald heissen sollte: Anna Martha muß sterben. Allermassen sie 3) vor dem Tode sich gar nicht fürchte, weil sie ihn ansehe, als denjenigen Wagen, auf welchem ihr Heyland sie zu sich holen werde.[380]

---

377 Gemeint ist Jesus, mit dem sie (gemäß dem Gleichnis von den klugen und törichten Jungfrauen) noch nicht zur Hochzeit gelangt ist.
378 *hungrig und durstig nach Gott:* pietistischer Ausdruck. Siehe Langen, S. 136.
379 *aufgelöset:* gestorben.
380 Anspielung auf 2Kön 2,11.

Immittelst[381] wolle sie 4) alles Widerwärtige gedultig leiden, theils, weil sie dieses und ein mehrers verdienet, theils weil sie aus verschiedenen Umständen schliessen könne, daß sie manches auch um Jesu willen erdulden müsse. Das Wort des Herrn habe sie 5) herzlich lieb, höre und lese es gerne, und sey ihr ganzer Ernst demselben nachzukommen, nur sey zu bedauren, daß sie fast von jederman verlassen werde, und fast niemand mehr zu ihr komme. Wenn ich dann unterweilen zu ihr kam, war ihre Freude desto grösser, und bestund so leidiglich darinnen, daß sie mir erzehlet, was ihr seit der Zeit Gutes und Böses begegnet, mit mir sodann etliche Liedergen gesungen und gebetet hat. Im Umgange nun mit Gott, oder in ihrem Gebet war sie 6) sehr andächtig, sammlete allemal vorhero ihre Ge-[**378**]danken, betete mit grossem Ernst, und vergaß nicht leicht ihren Landesvater, Herrn Hofrath benebst sein Hauß, ihre Seelensorger, ihre Wohlthäter, ihre Freunde und Feinde; kurz, ein jeder Mensch fande in ihrem Gebeth sein Plätzgen, und war ohne Rührung nicht anzuhören, wenn sie mit ihrem himmlischen Vater redete. Diß hat sie getrieben bis in ihren seligen Tod, dergestalt, daß da sie (wie sie redete) auf dem Hügel jetzo den letzten Streich erwarten sollte, sie mit einem so herzlichen Gebet sich ihrem lieben himmlischen Vater zu treuen Händen empfahl,[382] daß viele von den Umstehenden die heißesten Thränen vergießen müssen. Wie wir im X. Cap. hören werden.

§. 3. Wie sie nun gegen ihren Gott und Heiland im lezten Jahre ihrer Gefangenschaft sich recht wohl verhalten hat: Also hat sie auch das durchgängige Zeugniß bey

---

381 *Inmittelst:* In der Zwischenzeit.
382 Bezug auf Jesu letzte Worte am Kreuz Lk 23,46.

allen unpaßionirten Gemühtern,[383] zum andern, daß sie auch gegen den Nebenmenschen ihre Pflicht in Obacht genommen habe. Denn 1) war sie gegen alle und jede, mit welchen sie zu thun gehabt, in ihren Gesprächen sehr erbaulich, mit Warnen, Straffen, Ermahnen, Trösten und Ermuntern, also, daß nicht leicht jemand ohne eine gute Lehre wieder von ihr kam. Wie denn auch ich zu ihrem wohlverdienten Nachruhm bekennen muß, manche Erweckung und gute Lehre von ihr, wie die ganze Zeit über, da ich mit ihr gehandlet, also besonders noch kurz vor ihrem Ende, erhalten zu haben. 2) War sie gegen ihren **[379]** Nächsten sehr dienstfertig,[384] welches daraus erhellet, daß sie diese ganze Zeit vor gute Freunde im Gefängniß fleißig gesponnen hat. 3) War sie von jemand beleidiget worden, so war sie, ohne Erinnerung, willig, Versöhnung anzubieten. Vor dem letztern Genuß des heiligen Abendmahls mußte noch jemand, der von ihr glaubte beleidiget worden zu seyn, ob es gleich in der That keine Beleidigung, sondern die höchste Wohlthat war, herbey, auf daß sie demselben Abbitte thun möchte, welches denn auch mit Küssen und Drükken geschahe. Für andere abwesende Feinde betete sie herzlich und rufte Gott flehentlich an, er wolle ihnen wahre Buße schenken. Welches sie gethan in alle ihrem Gebet. War sie gegen Feinde versöhnlich, so bezeigte sie sich 4) gegen ihre Freunde herzlich. Zum Beweiß mag dienen der höchst bewegliche und thränenvolle Abschied von ihrer Mutter Schwestern, den ich nicht ansehen konnte ohne viele Thränen. So war sie auch 5) gegen ihre Wohthäter erkenntlich und dankbar. Wie viel hundertmal hat sie für unsern lieben Landesvater zu Gott gebetet, und für dessen ganzes Fürstl. Hauß, daß

---

383 *bey allen unpaßionirten Gemühtern:* bei unbefangenen Beobachtern.
384 *dienstfertig:* bereit, anderen Menschen Dienste und Gefälligkeiten zu erweisen. Siehe Deutsches Wörterbuch, Bd. 2, Sp. 1124.

derselbe die Strafe der Säckung[385] in die Strafe des Schwerdts verwandelt. Wie oft, und mit was zärtlichen Ausdrücken hat sie dem hochfürst. Amte gedanket, für die viele Gedult, so selbiges gegen sie bewiesen, und für die übrigen Wohlthaten, so sie von selbigem empfangen? Wie vielmal hat sie gedanket allen **[380]** denen, so ihr jemalen nur die allergeringste Güte bewiesen? Mit was beweglichen Terminis[386] wußte sie mir zu erzehlen den 6ten Aug. 1736. wie väterlich und mitleidig die hochfürstl. Herren Commissarii sich gegen sie bezeiget, wie sie von selbigen mit Arzeneyen versorget, mit Speisen erquicket, und insonderheit vom Herrn Oberhofprediger[387] manchen Tag dreymal besuchet worden?

§. 4. Es muß auch ferner zum 6) gedacht werden ihres christlichen Mitleidens gegen ihre Mitgefangene, sonderlich eine ledige Dirne, welche sie nicht allein recht herzlich zum Bekentniß und wahrer Buße ermahnet,

---

385 *die Straffe der Säckung:* Beim Säcken handelt es sich um eine in der Carolina kodifizierte Form des Ertränkens, die besonders bei Kindsmörderinnen angewandt wurde. Die Verurteilte wurde dabei in einem Sack ins Wasser geworfen und mit Stangen unter die Wasseroberfläche gedrückt. Zu Beginn des 18. Jahrhunderts wurde diese Art der Bestrafung nur noch selten praktiziert. Vgl. Otto Ulbricht: Kindsmord und Aufklärung in Deutschland, München 1990, S. 338ff; ferner Richard Evans: Rituale der Vergeltung, S. 62 f. Dass das Säcken im Fall Anna Martha Hungerlandin in die weniger grausame Enthauptung abgemildert wurde, dürfte an der „guten Führung" der Angeklagten gelegen haben, d. h. insbesondere mit ihrer Bekehrung zusammenhängen. Ob die Hinrichtung durch das Schwert möglicherweise auch deshalb bevorzugt wurde, weil – wie die Kieler Juristenfakultät in einem Gutachten 1746 erläuterte – „auf diese Weise die Täterin bis zum letzten Atemzug den Beistand eines Geistlichen genießen könne", muss dahin gestellt bleiben. Siehe Otto Ulbricht, Kindsmord und Aufklärung, S. 340.

386 *Mit was beweglichen Terminis:* Mit welch rührenden Worten.

387 Hofprediger und Konsistorialassessor in Eisenach war in den Jahren 1733–1742 Johann Andreas Pfefferkorn (1688–1749). Pfefferkorn studierte ab 1707 in Jena und war ab 1714 Mitglied des theologischen Seminars Eisenach. Vgl. Thüringer Pfarrerbuch, Bd. 3: Großherzogtum Sachsen(-Weimar-Eisenach) – Landesteil Eisenach. Hrsg. von der Gesellschaft für Thüringische Kirchengeschichte, Neustadt 2000, S. 27 und 332 f.

sondern auch, da sie offenherzig ihre Greuel bekannt, ihr theils von ihrem Essen und Trinken, so ihr geschikket worden, mitgetheilet, theils den Tag vor ihrem fröhlichen Ende, das meiste von ihrem gegenwärtigen Vorrath an Kleidern zugeworfen hat. War jemand gegen sie eingenommen mit Vorurtheilen, und ließ sich mit ihr ein; so antwortete sie ihm 7) bescheiden, und ließ es nachhero dahin gestellet seyn, ob, und wie viel er glauben wolle oder nicht? 8) War sie auch gegen ihre Wächter sehr freundlich und erkentlich, sich herzlich erfreuende, wenn einmal Wächter kamen, welche mit ihr gerne sungen und beteten, auch von ihr eine gute Lehre annehmen wollten. Dahero kein Zweifel, es werde bey manchem, der bey ihr Wache gehalten, bis in späte Jahre ihr Gedächtniß im Segen bleiben, von ganzem Herzen wünschende, Gott wolle sie [381] dessen, was sie gesehen und gehöret, sonderlich da es zu Ende gehen wollen, durch seinen Geist erinnern. Insonderheit aber muß nun 9) noch mit wenigen Worten gedacht werden ihrer Liebe gegen die Eltern, sonderlich ihren armen Vater. Mit welchem sie den Abend vor ihrem Ende noch einmal zu guter Letzt gegessen, vorhero aber zu unterschiedenenmalen bey dem hochfürstlichen Amte für ihn gar flehentlich angehalten, daß ihme doch sein Häußgen gelassen werden möge,[388] mich aber hat sie inständig ersuchet, ihre Freunde zu Riethnordhausen und sonderlich ihren Vater einmal zu besuchen, und selbigen theils mit Trost aufzurichten, theils zu ermahnen, daß er alles Irdische vergessen, und seinen Sinn nach dem Himmlischen richten möchte. Welches ich dann mit einem Handschlag ihr theuer versprechen müssen.

---

388 Im Text findet sich kein Hinweis, weshalb das Haus des Vaters konfisziert werden soll. Möglicherweise musste er für die Prozess- und Unterhaltskosten seiner Tochter aufkommen.

§. 5. Hierzu kömmt denn endlich, drittens, ihr christliches Wohlverhalten, in Ansehung ihrer selbst, wohin wir billig rechnen 1) ihre Arbeitsamkeit im Gefängnisse. Sie war selten, oder gar nicht müßig. Damit verdiente sie manchen Groschen, womit sie ihr selbst und andern Armen gelegentlich helfen konte. Nicht zu gedenken dessen, daß sie dadurch sich vieler kümmerlichen und sündlichen Gedanken entschlagen. Welches sich alle Gefangene merken wollen. †

† Es ist eine elende Sache, wenn man unter dem Deckel des Christenthums faullenzen will. Wenn doch solche Leute nachläsen, was ihnen Paulus so nach-[382]drücklich, und noch dazu im Namen des Herrn Jesu, gebietet, 1 Thess. 4, 11. 12. 2 Thess. 3, 6.–12.[389] Ein unordentlicher Arbeiter ist gewiß ein schlechter Christ. Jesus und seine Apostel waren keine Müßiggänger. Denn Müßiggang ist aller Laster Anfang,[390] und des Teufels Ruhebank.[391]

389 Beide Bibelstellen warnen vor dem Müßiggang: 1Thess 4,11 f.: „ … und ringet darnach, daß ihr stille seid und das Eure schaffet und arbeitet mit euren eigenen Händen, wie wir euch geboten haben, auf daß ihr ehrbar wandelt gegen die, die draußen sind, und ihrer keines bedürfet." 2Thess 3,6–12: „6Wir gebieten euch aber, liebe Brüder, in dem Namen unsers HERRN Jesu Christi, daß ihr euch entziehet von jedem Bruder, der da unordentlich wandelt und nicht nach der Satzung, die er von uns empfangen hat. 7Denn ihr wisset, wie ihr uns sollt nachfolgen. Denn wir sind nicht unordentlich unter euch gewesen, 8haben auch nicht umsonst das Brot genommen von jemand; sondern mit Arbeit und Mühe Tag und Nacht haben wir gewirkt, daß wir nicht jemand unter euch beschwerlich wären.9 Nicht darum, daß wir es nicht Macht haben, sondern daß wir uns selbst zum Vorbilde euch gäben, uns nachzufolgen. 10Und da wir bei euch waren, geboten wir euch solches, daß, so jemand nicht will arbeiten, der soll auch nicht essen. 11Denn wir hören, daß etliche unter euch wandeln unordentlich und arbeiten nichts, sondern treiben Vorwitz. 12Solchen aber gebieten wir und ermahnen sie durch unsern HERRN Jesus Christus, daß sie mit stillem Wesen arbeiten und ihr eigen Brot essen."
390 Deutsches Sprichwort, vgl. Lutz Mackensen: Zitate – Redensarten – Sprichwörter, Stuttgart 1981, S. 530. Vermutlich auf Cato d.Ä. zurückgehend: Homines nihil agendo discunt male agere (Die Menschen lernen durch Nichtstun Übles zu tun); zit. bei Columella, De re rustica 11,1,26; Nachweis bei Karl Bayer: Nota bene! Das lateinische Zitatenlexikon, Düsseldorf ³1999 (Nachdruck Düsseldorf 2003), S. 193; dt. schon bei Johann Agricola, Magdeburg 1528/1529; Josua Eiselein: Die Sprichwörter und Sinnreden des deutschen Volkes in alter und neuer Zeit, Freiburg 1840 (Nachdruck Leipzig 1980), S. XXVI und 478.

2) Gehöret hieher ihre Reinigkeit im Aeußerlichen. Sie wusch nicht nur fleißig ihre Kleidergen und wenige Lappen, so sie theils verdienet, theils als Geschenke bekommen, sondern scheuerte auch öfters den Ort ihrer Gefangenschaft, also, daß selbiger viel eher der Wohnung eines ehrbaren Bürgers, denn dem Behältniß der Gafangenen[392] gleichete, dahero Wächter, Prediger und andere Freunde um so viel williger waren, sie zu besuchen, und mit ihr sich zu erbauen. 3) Bezeigte sie sich sehr keusch und züchtig in Minen, Worten und Wandel und war ihr ein großer Ekel, wenn sie manchmal von leichfertigen Wächtern unkeusche Reden anhören mußte, wie die bezeugen können, so darum von ihr bestraft worden. Ja, mitten im Tode war sie noch bekümmert, daß nicht dieselbige Theile des Leibes, so die Natur verdeckt wissen will, entblößet werden möchten. Dazu kömmt noch 4) ihre löbliche Mäßigkeit in Essen und Trinken. O wie oft vergaß sie über dem Beten und Singen Essen und Trinken! Wie oft theilte sie bald Wächtern, bald Mitgefangenen mit, was sie zur Nothdurft nicht brauchte. Und da öfters Verurtheilte mit hitzigen Getränken[393] und delicaten Speisen am [383] Tage ihres Todes sich überladen; so beschlosse Abends vorhero unsere Anna Martha alles Essen und Trinken mit einem guten Bissen, so ihr aus dem fürstl. Amte übersendet worden, und lieferte also des andern Tages den Händen ihres Jesu eine ganz nüchterne Seele. Hallelujah! Darum ists kein Wunder, daß, da sie sich in Zeiten von außen und innen so wohl bereiten lassen, sie

---

391 *Müßiggang ist des Teufels Ruhebank:* Deutsches Sprichwort, vermutlich aus dem Lateinischen übernommen: Otium est pulvinar diaboli. Siehe Karl Friedrich Wilhelm Wander (Hg.): Deutsches Sprichwörter-Lexikon. Ein Hausschatz für das deutsche Volk. Band 3, Leipzig 1873, Sp. 792; Eiselein, Sprichwörter, S. 478.
392 offenbar ein Druckfehler: Gefangenen.
393 *mit hitzigen Getränken:* geläufiger Begriff für alkoholische Getränke.

freudenvoll sammt uns mit lauter Stimme am lezten
Morgen singen können:

Unverzagt und ohne Grauen
Soll ein Christ,
Wo er ist,
Stets sich lassen schauen,
Wollt ihn auch der Tod aufreiben,
Soll der Muth
Dennoch gut
Und fein stille bleiben.[394]
Lacht der finstern Erden Klufft,
Lacht des Todes und der Höllen,
Ja ihr sollt euch durch die Luft
Eurem Heyland zugesellen,
Denn wird Schwachheit und Verdruß
Liegen unter eurem Fuß.[395]

[384] Das VIII. Capitel.
Von ihrem Christlichen Bezeigen beym Abschiede vom fürstlichen Amte.
Inhalt.

Diesen Aufsatz haben der Herr Hofrath besorget, §. 1.
Inquisitin kömmt in die Amtsstube, §. 2. Thut ein sehr
bewegliches Gebet, §. 3. segnet sie ein, §. 4. bittet sich

---

394 Siebte Strophe des Liedes „Warum sollt ich mich denn grämen" (EG 370)
von Paul Gerhardt (1607–1676), in: Eisenachisches Neu-Vermehrtes Gesangbuch, 1712, S. 639–641.
395 Neunte Strophe des Liedes „Jesus, meine Zuversicht" von Otto von
Schwerin (1616–1679). Praxis Pietatis Melica, hg. von Johann Crüger,
Berlin 1690; vgl. Freylinghausen: Gesangbuch, Bd. 1, Teil 2, S. 810 f.; Eisenachisches Neu-Vermehrtes Gesangbuch, 1712, S. 233–235. In EG 526
fehlt diese Strophe.

beym Abschiede noch verschiedenes aus, §. 5. und gehet endlich mit Händedrücken, Küssen u. guten Wünschen fort, §. 6.

§. 1.

Da Ihro Hochedelgeb. der Herr Hofrath und Amtmann Zerbst selbsten einen kurzen Aufsatz von dem Bezeigen unserer lieben Anna Martha, bey ihrem Abschiede vom hochfürstl. Amte, durch jemand, so zugegen gewesen, verfertigen lassen, so will denselbigen von Wort zu Wort, so wie er mir communiciret worden, treulich hieher setzen.

§. 2. Als Dienstages den 29ten Octob.[396] Annen Marthen Hungerlandin das Todesurtheil publiciret[397] wurde, bat sie sich nach der Publication aus, ob sie nicht dürfe nächsten Donnerstag noch einmal ins fürstl. Amt kommen? da wollte sie erst Abschied nehmen, jetzo aber nehme sie noch keinen. Als sie nun auf nochmaliges Verlangen solchen Donnerstages wieder an Amtsstelle gelassen wurde, fragte sie: Ob es ihr nicht erlaubt wäre, noch ehe sie Abschied nähme, ein kurzes Gebet zu thun? Als ihr nun solches eingestanden wurde, fieng sie mit zusammen geschlagenen **[385]** Händen, und beständig gen Himmel aufsehenden Augen an also zu beten:

§. 3. „Liebster Herr Jesus! morgen soll ich sterben, ey wohlan, immerhin, weiß ich doch, daß ich selig sterbe. Ach liebster Heyland! es ist nur ein Schritt zwischen mir und dem Tode. O lieber Herr Jesus! so vergieb mir

---

396 Der Dienstag, 29.10., war drei Tage vor ihrer Hinrichtung, die am Freitag 1.11.1737 stattfand.

397 *publiciret:* eröffnet, vorgelesen.

nun meine viele und große Sünde, und sprich: Sey getrost, meine Tochter, deine Sünden sind dir vergeben![398] Ach du liebster Heyland! nun werde ich bald eine Himmelsbraut.[399] Ach! schmücke mich mit dem Glanze deiner Gerechtigkeit,[400] und mache mich recht herrlich an meiner Seelen. Nimm mich doch aus Gnaden bald zu dir in dein ewiges Reich. Ach liebster Herr Jesus! wenn ich nun soll sterben, so bitte ich dich, verleihe mir ein selig Ende, und eine solche Freudigkeit, wie dorten dem Stephanus,[401] über meinen Tod, daß ich mit Freuden sagen kan: Weicht ihr Trauergeister, denn mein Freudenmeister, usw.[402] Getreuer Herr Jesus! ich befehle dir in deinen Schutz meinen theuren Landesvater. Erhalte ihn in deiner Gnade, und stärke ihn im festen Glauben, und segne dessen Regierung, begnadige ihn mit beständiger Gesundheit und langen Leben, ja sey du sein Schild und großer Lohn.[403] Kröne ihn mit Gnade und Barmherzigkeit.[404] Ich befehle dir auch hiesiges hochfürstl. Amt. Gieb ihnen den Geist der Wahrheit[405] und der Erkäntniß des Rechtes, daß sie der Bosheit steuren und weh-

---

398 Vgl. Anm. 314.

399 *Himmelsbraut:* die Seele als Braut Christi, siehe Langen, S. 307. Vgl. beispielsweise die Leichenschrift: Als Die Seelige Himmels=Braut / Die Edle und Tugendgläntzende Jungfer Dorothea Margaretha / ... / Von Jhrem Hertzgeliebten Seelen=Bräutigam JESU CHRISTO / zu der Himmlischen Hochzeits=Freude / Von dieser schnöden Welt am 18. Febr. abgefodert / und der Seelen nach heimgeholet worden, Berlin 1697.

400 *Glanze deiner Gerechtigkeit:* vgl. Jes 62,1: „[...] um Jerusalems willen will ich nicht innehalten, bis daß ihre Gerechtigkeit aufgehe wie ein Glanz und ihr Heil brenne wie eine Fackel [...].“

401 *Stephanus:* Anspielung auf den gesteinigten Stephanus, Apg 7,54–60; vgl. 354.

402 Zitat aus der sechsten und letzten Strophe des Liedes „Jesus, meine Freude, meines Herzens Weide“ von Johann Franck (1618–1677), in: Freylinghausen: Gesangbuch, Bd. 1, Teil 1, S. 459 f.; Eisenachisches Neu-Vermehrtes Gesangbuch, 1712, S. 36–38. (EKG 293; EG 396).

403 *sein Schild und großer Lohn:* Vgl. Gen 15,1: „Fürchte dich nicht, Abram! Ich bin dein Schild und dein sehr großer Lohn.“

404 Vgl. Ps 103,4.

405 *Geist der Wahrheit:* Joh 14,17; 15,26; 16,13; 1Joh 4,6.

ren, und den Unterdrückten allezeit zu ihrem Rechte verhelfen. [386] Stärke sie an dem inwendigen Menschen,[406] und erquicke sie mit dem Troste deines lebendigmachenden Wortes, laß sie allezeit über deinem Rechte halten, damit alles nach deinem heil. Willen vollbracht werde. Ueber alles aber schenke ihnen den Geist des Gebets,[407] den Geist der Freuden, ja stärke ihren Glauben,[408] und lasse sie endlich dadurch die Krone des ewigen Lebens[409] erlangen. Die Wohlthaten, die ich arme Person im Gefängniß vom dem Herrn Hofrath und Frau Hofräthin[410] genossen, ersetze der barmherzige Vater und reiche Vergelter mit tausendfachen geist- und leiblichen Segen, und thue ihnen und dero Angehörigen unzählig viel Gutes. Ich befehle dir auch, dreyeiniger Gott in denen Schutz meine Freunde und Feinde. Vergilt meinen Feinden nicht, was sie mir zu viel gethan haben, und bringe sie zu wahrer Erkäntniß ihrer Sünden. Ich vergebe es ihnen allen von Herzensgrunde. Ach Herr Jesu! ziehe doch alle mit deiner Liebe, die von dir abgewichen sind, wiederum zu dir, und bekehre du sie, so werden sie bekehret,[411] hilf du uns, Herr so wird uns geholfen,[412] Amen."

§. 4. Hierauf betete sie mit geschlossenen Augen das heilige Vater Unser, und sprach endlich folgenden Segen:

---

406 *Stärke sie an den inwendigen Menschen:* Vgl. Röm 7,22; Eph 3,16.
407 Vgl. Sach 12,10.
408 Vgl. Luk 17,5.
409 *Krone des ewigen Lebens:* Vgl. Jak 1,12 und Offb 2,10.
410 *Frau Hofräthin:* Friederica Sophia Zerbst, geb. Reichert, vgl. Thüringer Pfarrerbuch, Bd. 3, S. 474.
411 Vgl. Jer 31,18.
412 Vgl. Jer 17,14.

Der Friede Gottes, welcher höher ist denn alle Vernunft, der bewahre eure Herzen und Sinne in Christo Jesu, Amen![413]

[387] §. 5. Vor ihren Abtritte bat sie sich annoch bey dem Herrn Hofrath und Amt aus:

1) Daß ihr numehro die Banden, so sie über drittehalb Jahr[414] an sich gehabt, abgenommen,

2) Daß vor der Execution keine Trommel gerühret.

3) Daß sie ungebunden auf den Richtplatz, allwo sie auf dem Stuhl dergleichen nachgehende gerne geschehen lassen wollte, geführet.

4) Daß der Sarg ihr vor der Exekution gezeiget,[415]

5) Daß sie bey ihr Kind begraben, und

6) Daß ihr erlaubet werden möchte, auf dem Richtplatze noch eine Rede und Vermahnung an das anwesende Volk zu thun, wozu ihr Gott, wie sie wisse, schon Gnade verleihen würde. Welches alles ihr auch eingestanden, dabey alles Ernstes vermahnet wurde, ja allen Groll und Feindschaft fahren zu lassen, und an die Worte Christi zu gedenken: Wo ihr nicht vergebet ein jeglicher seinem Bruder von Herzen seine Fehle,[416] so

413 *Der Friede Gottes:* Phil 4,7; liturgische Segensformel im Gottesdienst.
414 *über drittehalb Jahr:* über zweieinhalb Jahre. Deutsches Wörterbuch, Bd. 2, Sp. 1423.
415 Offenbar will sich die Angeklagte vergewissern, dass ihr ein ordnungsgemäßes Begräbnis zuteil und sie nicht irgendwo außerhalb des Friedhofs verscharrt wird.
416 *Fehle:* Fehler. Vgl. „ohne Fehl und Tadel" und in etlichen Liedversen, z. B. noch bei Julius Sturm („Vergieb unsre Fehle") und Philipp Spitta („Beut Vergebung deinem Fehle").

wird euch mein himmlischer Vater auch nicht vergeben.[417] Welches, daß dergleichen von ihr bereits geschehen, sie versicherte.

§. 6. Es reichte nach solchem die Maleficantin dem
Herrn Hofrath und Amtmann die Hand, druckte und
küßte sie demselben zu wiederholtenmalen, bat demselben um Verzeihung, daß sie ihm so viele Mühe gemacht, er auch ihrentwegen vie-[388]les leiden müssen, wormit sie ihn nicht betrüben, Gott aber geben
möchte, daß sie ihn im Himmel dereinst wieder sehe,
mit dem Wunsche, daß er seinem Heylande bis in Tod
auch treu bleiben wolle. Dergleichen Abschied sie auch
nicht weniger bey dem Herrn Actuario[418] mit Händege-
ben nahm, und darauf unter vielen Segenswünschen
fortgienge. Wir, die wir dieses lesen, danken dem Herrn
vor diesen erbaulichen Abschied, und ermuntern uns
hierbey, der sündlichen Welt und aller Ungerechtigkeit
Valet zu geben, mit dem Worte:

Valet will ich dir geben,
Du arge falsche Welt!
Dein sündlich böses Leben
Durchaus mir nicht gefällt.
Im Himmel ist gut wohnen,
Hinauf steht mein Begier,
Da wird Gott ewig lohnen,
Dem, der ihm dient alhier.[419]

---

417 Vgl. Mt 18,35.
418 *Actuarius:* Gerichtsschreiber.
419 Erste Strophe des Liedes „Valet will ich dir geben", vgl. Anm. 366.

Das IX. Capitel.
Von ihrem erbaulichen Bezeigen in der lezten Nacht.
Inhalt.

Diesen Aufsatz haben wir einer gottseligen Weibsperson zu danken, §. 1. die Inquisitin singet Abends etliche Lieder. §. 2. die Inquisitin thut Abends ein sehr beweglich Gebet, §. 3. und schläft darauf etliche Stunden recht sanfte, §. 4. da sie erwachet, schicket sie zu Gott ein sehr herzliches Gebet, §. 5. welches der Leser mit einem Amen versiegelt, §. 6.

[389] §. 1.

Was hiervon merkwürdiges anjetzo eingetragen wird, haben wir der Hand einer Gott ergebenen Seele zu danken, welche ihren[420] lezteren Glaubenskampf vom Anfange bis zu Ende mit angesehen hat. Ihr Aufsatz lautet also:

§. 2. Abends um 10 Uhr fieng sie an mit heller freudiger Stimme zu singen: Wer weiß, wie nahe mir mein Ende.[421] Und darauf: Valet will ich dir geben.[422] Da dieses geschehen, fiel sie auf ihre Knie, hub ihre Hände und Augen gen Himmel und betete zu Gott, mit nachfolgenden Worten:

§. 3. „Ach du herzallerliebster Herr Jesus! ich bitte dich um aller deiner Liebe und Barmherzigkeit, erhöre auch in dieser Abendstunde mein Bitten und Flehen. Denn

---

420 *ihren lezteren Glaubenskampf:* bezieht sich auf den Glaubenskampf der Angeklagten.
421 Sterbelied von Ämilie Juliane von Schwarzburg-Rudolstadt (1637–1706); (EG 530). Vgl. BBKL Bd. 1, Sp. 46 f. sowie Joseph Theodor Müller: Hymnologisches Handbuch zum Gebrauch der Brüdergemeine, Herrnhut 1916, S. 234.
422 Siehe Anm. 366, 419.

ich habe nur noch eine Nacht in dieser Welt zu leben. So erbarme dich denn über mich, und schenke mir die gewisse Versicherung in meinem Herzen, daß mir alle meine Sünden vergeben sind. Wenn ich denn Morgen soll ausgeführet werden, so gieb mir Kraft und Freudigkeit, du lieber Heiland, daß ich nicht erschrecke vor dem Scharfrichter, sondern wenn ich an den Hügel* komme, so laß mich getrost und freudig auf denselben steigen. Ach Herr Jesu! gieb mir Gnade, daß ich mit grosser Freudigkeit meinen Hals

*Sie meinet den Richtplatz.

[390] dem Scharfrichter hinhalte. Stehe du demselben bey und verleyhe ihm die Gnade, daß er mir meinen Tod nicht sauer mache,[423] sondern laß mich, auf deinen Tod, getrost und freudig mein Leben beschliessen. Ach du lieber Heiland! du bist ja der Herzenskündiger,[424] durchsuche doch mein Herz, und decke mir alle meine Sünden auf, und so etwa noch eine Sünde in meinem Herzen mir unwissend verborgen lieget, so stelle mir dieselbige unter Augen, und laß das geringste Stäublein, und so es auch ein unnützes Wort wäre, nicht unbereuet, nicht unerkannt noch mir verborgen bleiben. Denn wer seine Missethat läugnet, dem wirds nicht gelingen, wer sie aber bekennet und läßt, der wird Barmherzigkeit erlangen.[425] Noch eins, lieber Heiland! nimm mir alle meine Freunde aus meinem Herzen, daß ich mich nicht betrübe, daß ich von ihnen scheiden soll, du bist doch der allergetreueste Freund, der mich auch im

---

423 Die Angeklagte hofft, dass es dem Scharfrichter gelingt, sie mit einem Schlag zu enthaupten und damit einen raschen Tod zu gewährleisten.
424 *Herzenskündiger:* Apg 1,24 sowie 15,8.
425 Spr 28,13.

Tode nicht verlassen wird. Ach mein Heiland! bleibe doch in meinem Herzen, laß mich auf dich sterben, ja du wirst es thun, du lieber Heyland, Amen!"

§. 4. Hierauf sunge sie: Nun ruhen alle Wälder,[426] und noch etliche andere schöne Lieder. Um 1 Uhr legte sie sich nieder, und sagte: Ich schlaffe nun zum letztenmal in dieser Welt, bat auch eine von ihren guten Freundinnen, daß sie sich sollte zu ihr legen. Sie schlieffe sanft bis um 3 Uhr. Da stund sie auf, zog sich an, und da sie fertig [391] war, sprach sie mit zusammen gelegten Händen: Nun ich mein Haus bestellet habe,[427] so will ich vor nichts mehr, als vor meine Seele sorgen, fiel darauf auf ihre Knie, hub ihre Hände und Augen gen Himmel, und betete folgender massen:

§. 5. „Dreyeiniger Gott, Vater, Sohn und Heiliger Geist, ich danke dir von ganzem Grunde meines Herzens, daß du mich auch noch in der lezten Nacht mit einem sanften Schlaf erquicket. Ach mein Heiland! du hast mir ja zugerufen: Sey getrost, meine Tochter, deine Sünden sind dir vergeben![428] Mit dir kan ich ja mit Freudigkeit zu deinem und meinen himmlischen Vater treten. Ach! deine Gerechtigkeit ist ja auch meine Gerechtigkeit. Du lieber himmlischer Vater, du bist ja nicht mehr mein zorniger Richter, sondern mein durch Christum versöhnter Vater, du rufests auch mir zu: Wer zu mir kömmt, den werde ich nicht hinaus stoßen.[429] O mein Gott! sey tausendmal gelobet und gepreiset, daß du

---

426 Abendlied von Paul Gerhardt (1607–1676), in: Freylinghausen: Gesangbuch, Bd. 1, Teil 2, S. 886; Eisenachisches Neu-Vermehrtes Gesangbuch, 1712, S. 879–81 (EG 477).
427 Vgl. Jes 38,1 („Bestelle dein Haus, denn du wirst sterben und nicht lebendig bleiben.").
428 Mt 9,2.
429 Joh 6, 37: „Alles, was mir mein Vater gibt, das kommt zu mir; und wer zu mir kommt, den werde ich nicht hinausstoßen."

mich in meinem dritthalbjährigen[430] Gefängniß, da ich auf mancherley Art und Weise zu vielen Sünden und Lastern bin gereizet und gelocket worden, gnädiglich behütet, daß ich nicht darein gewilliget. Ach! du hast mir helfen kämpfen, ach! Du hast mir helfen siegen. Du lieber Heiland, du hast es gethan, du hast mich als ein verirrtes und verlohrnes Sündenkind durch deine treue Knechte zu dir gerufen. Vergilt es ihnen mit tausendfachen Segen, sonderlich demjenigen, der sich große Mühe hat um meine Seele gegeben, daß dieselbige aus **[392]** des Teufels Rachen gerissen worden. Ach mein Heiland! schenke ihnen doch große Freudigkeit, meinen beyden lieben Priestern, meinen lieben Brautführern,[431] daß sie mich getrost und unverzagt[432] begleiten, und laß auch durch ihre Freudigkeit sie überzeuget werden, daß ich mich gewiß und wahrhaftig, Herr Jesu, zu dir bekehret habe. Stärke mich auch anietzo, und mache mich zu einem würdigen Gast an deiner Gnadentafel. Speise mich mit deinem Leibe, tränke mich mit deinem Blute,[433] wornach ich so lange geankert[434] und verlanget habe. Ich befehle dir auch alle die lieben Meinigen, Vater und Mutter, und alle, die mir verwandt sind. Wenn nun die Stunde wird herbey kommen, daß ich werde mein Blut vergießen, da ihnen angst wird ums Herze seyn, so erquicke sie mit einem schönen Trostsprüchlein, und versichere sie, daß ich selig gestorben bin. Ach! laß sie durch wahre Buße und Glauben, Herr Jesu, dich suchen und finden. Sind wir in der Welt geschieden, so bringe uns dort mit großer Freudigkeit wieder zusammen. Ich befehle dir auch die liebe Obrigkeit, meinen theuresten Landesvater. Ach mein Heiland!

---

430 *dritthalb:* zweiundeinhalb. Deutsches Wörterbuch, Bd. 2, Sp. 1423.
431 Hochzeitsmetaphorik, vgl. Anm. 149, 187, 205, 206, 221.
432 Vgl. Dt 31,6.7.23.
433 Vgl. Mk 14, 22–26; Mt 26, 26–28.
434 *geankert... habe:* gestrebt habe. Vgl. Deutsches Wörterbuch, Bd. 1, Sp. 380.

vergilt es ihme mit tausendfachem Segen, daß er meinem Leibe ein Schlafkämmerlein gegönnet, und daß ich in die kühle Erde begraben werden soll. Laß sie noch ferner Recht und Gerechtigkeit handhaben. Ach mein Gott! thue es um deiner erbarmenden Liebe willen, schenke ihnen vielen geist- und leiblichen Segen. Du lieber Heiland! thue auch wohl dem Herrn Hof-[393]rath und allen den lieben Seinigen. Ach! wie vielmal haben sie mich erquicket und gelabet. Stärke und erquicke sie hier zeitlich und dort ewiglich.[435] Laß seine viele Mühe und Arbeit, die er meinetwegen gehabt, nicht unbelohnet, und laß ihm vor die Schmach, die er auch meinetwegen ausgestanden, wiederum erfreuet und erquicket werden. Ach du lieber Gott! erbarme dich auch über alle meine Feinde, und vergieb ihnen ihre schwere Sünden. Gehen sie gleich in der Welt ungestraft dahin, ach! so strafe sie doch nicht an ihren Seelen, sondern schenke ihnen wahre Reu und Buße. Du weißest, mein Gott, daß ich ihnen allen von Herzen vergeben habe. Ich habe nur noch einen einzigen Feind, den Teufel, den werde ich auch nun bald überwinden. Siehe auch mit erbarmenden Augen an alle diese meine lieben Freunde, die mich auch in den lezten Nacht nicht verlassen haben. Verlasse sie auch nicht, sondern erhalte sie im wahren Glauben bis an ihr Ende. Ach mein Heiland! wenn ich doch Flügel hätte, daß ich doch zu dir fliegen könnte.[436] Da wollte ich dir ein ewiges Hallelujah bringen und singen. Hallelujah, Lob, Preis und Ehr sey unserm Gott je mehr und mehr,[437] Amen, Amen!"

---

435 Kirchenliedzitat, u.a. in Johann Heermanns „O Jesu Christe, wahres Licht" (1630; EKG 50,6; EG 72,6).

436 *wenn ich doch Flügel hätte:* Symbol des Seelenaufschwungs, im Pietismus gebräuchlich. Siehe Langen, S. 199 f.

437 Anfang von „Das Hochzeit-Lied der Kinder Gottes, Apoc. 7. v. 12." Verfasserschaft ungekärt (wohl auf Martin Rinckart, 1586–1649, zurückgehend), Darmstadt 1698; s. Fischer/Tümpel, Das deutsche evangelische Kirchenlied, Bd. 1, S. 467.

§. 6. Wir können nicht umhin, diese so herzliche und
ernstliche Gebete mit einem gläubigen Amen zu versiegeln:

> Amen! das ist, es werde wahr! Stärk unsern Glauben immerdar, auf daß wir ja nicht zweifeln dran, was wir hiermit gebeten hab`n. Auf dein Wort, in dem Nahmen dein, so sprechen wir das Amen fein.[438] Amen! Hallelujah! Amen!

[394] Das X. Capitel.

Wie Jesus sein gefundenes Schäflein selig gemachet, oder von ihrem höchst erbaulichen frölichen und seligen Ende.
Inhalt.

Inquisitin wird von Jesu selig gemachet, §. 1. läßt früh
den Prediger holen, §. 2. wird von ihm zur Sammlung
ermahnet, §. 3. und von ihm in eine scharfe Prüfung geführet, §. 4. zur Beicht und Abendmahl präpariret, §. 5.
muß statt der Beicht 9 Fragen beantworten, §. 6. wird
absolviert, und communicirt, §. 7. nimmt vom Beichtvater Abschied, §. 8. wird vor dem Ausgang von vielen
gestärket, §. 9. bezeigt sich fröhlich vor dem peinlichen
Halsgericht und beym Hingang, §. 10 Im Kreiß und auf
dem Chavot,[439] §. 11. Thut ein Gebeth zu Gott und Anrede an das Volk, §. 12. empfähet[440] den lezten Streich,
§. 13. hat alles sehr beweglich geredet, §. 14. der Verfasser danket GOTT §. 15.

---

438 *So sprechen wir das Amen fein:* letzter Vers der letzten Strophe des Liedes
„Vater unser im Himmelreich" von Martin Luther, in: Freylinghausen:
Gesangbuch, Bd.1, Teil 1, S. 410; Eisenachisches Neu-Vermehrtes Gesangbuch, 1712, S. 360–362 (EG 344).
439 Vgl. Anm. 320.
440 *empfähet:* empfängt.

§. 1.

Wie der herzliche Sünderfreund und gute Hirt[441] diß arme verlohren gewesene Schaf vorhin treulich gesuchet, gefunden und anfangsweise selig gemachet hatte, durch gnädige Vergebung der Sünden, Annehmung an Kindes statt, Hoffnung des ewigen Lebens, und vornemlich durch die Schenkung eines reichen Maßes vom Geist des Gebethes und herzlicher Freude: also machte er sie, nachdem er von ihr darum so vielmal und so herzlich ersuchet worden, auch endlich selig vollendungsweise, und begnadigte sie mit einem so freudigen, so erbaulichen und seligen Ende, daß niemand von den Zusehern ohne Rührung bleiben [395] konnte, es wäre denn, daß er entweder wider sie mit Affecten[442] und Vorurtheilen eingenommen, oder dem Gerichte der Verstockung[443] anheim gegeben gewesen wäre.

§. 2. Wir wollen denn also diese ihre Seligmachung, oder ihr freudiges und erbauliches Ende mit einander anschauen, und aus demselben uns mit einander erbauen: Den 1. Nov. früh zwischen 4 und 5 Uhr, da ich mich eben fertig machte zu ihr zu gehen, schickte sie mir einen Bothen, und ließ mich zu ihr bitten. Ich fand sie denn, da ich kam, in ihrer gewöhnlichen Freud- und Freundlichkeit, hörte auch sogleich von dieser und jener ihrer redlichen Freundinnen, so die Nacht über bey ihr gewesen, wie wohl sie die Nacht hindurch sich bezeiget, wie sie sich ganz dem Herrn mit Beten und Flehen aufgeopfert, wie scharf sie sich examiniret, wie wohl sie zum Genuß

---

441 *guter Hirt:* Joh 10,11 und 10,14.
442 *Affecten:* Gefühlen.
443 *Gericht der Verstockung:* vgl. Philipp Jakob Spener, Das Gericht der Verstockung, Frankfurt 1701.

des heiligen Abendmahls sich präpariret habe und dergleichen fröliche Bothschaften mehr.

§. 3. Ich vermahnte sie hierauf, sich zu sammlen, allermaßen wir noch gar wichtige Dinge vor uns hätten, und ließ sie etliche Minuten in der Stille. Nach diesem machte den Anfang mit einem Gebet um göttliches Licht, Weisheit, Treue, Redlichkeit, Kraft, Andacht, Glauben und alle benöthigte Gnade, und fühlte unter dem Gebet, daß mein Herz recht lebendig wurde, so die Nacht vorher hindurch so todt und beängstiget gewesen. Nach dem Beschluß des Gebets deutete ihr an, daß wir zu guter Lezt noch einmal ins Examen **[396]** müßten, oder eine Prüfung, als vor Gottes Angesicht anstellen wollten; ob wir etwa in dem hellen Spiegel der Gebote Gottes, unsere annoch unerkante Sünden, ja die geringste Stäubchen unserer Unrein- und Ungerechtigkeit erkennen,[444] Gott dem Herrn selbige abbitten, Barmherzigkeit erlangen, das Fleisch und Blut Jesu zu unserm wahren Heyl empfahen, und dem treuen Heiland, im Sterben, eine ganz geheiligte Seele in die Hände liefern möchti.

---

444 *in dem hellen Spiegel der Gebote Gottes ... unserer Unrein- und Ungerechtigkeit erkennen:* Vgl. Martin Luther: Predigten über das 2. Buch Mose. 1524–1527. Kap. 19/20. Unterrichtung, wie sich die Christen in Mosen sollen schicken [27. August 1525] Nr. 29, in: D. Martin Luthers Werke. Kritische Gesamtausgabe. 10. Bd., Dritte Abteilung, Weimar 1899, S. 363–394, hier S. 390: „Also sind die Zehen gepot eyn spiegel unsers lebens, dar ynn wyr sehen, war an es uns felet." Ähnlich auch in: Predigt am 6. Sonntag nach Trinitatis [27. Juni 1522], Nr. 41, in: D. Martin Luthers Werke. Kritische Gesamtausgabe. 10. Bd., Dritte Abteilung, Weimar 1905, S. 242–256, hier S. 251: „Ach mein got, dein gesetz ist mir ein Spiegel worden, Dardurch erkenn ich das ich ain verdorben, verloren mensch sey." Vgl. ferner August Hermann Francke: Von dem rechtschaffenen Wachsthum des Glaubens, in: Ders., Predigten I, hg. von Erhard Peschke (Texte zur Geschichte des Pietismus: Abt. 2, Schriften und Predigten; Bd. 9), Berlin 1987, S. 26: „... in dem Spiegel der Gebote GOttes ihre Sünden-Flecken und den tiefen Abgrund ihres Elends wohl erkennen."

§. 4. Wir schritten im Namen des Herrn zur Prüfung, nahmen ein Gebot nach dem anderen für uns, betrachteten selbige sowohl nach dem innern geistlichen, als äußern buchstäblichen Verstand, sonderlich bey solchen Geboten uns etwas lang aufhaltende, wider welche wir gesündiget hatten. Endlich wurde die Prüfung mit einem Gebet beschlossen.

§. 5. Da die Prüfung zu Ende, bat sie mich, nicht so gar stark zu reden, es sey ihr viel erbaulicher, wenn ich mit etwas leiserer Stimme, wie bishero, zu und mit ihr redete; welches ich ihr versprach, sie zugleich ermahnende, sie möchte sich zur Beicht und Abendmahl fertig machen, und ja alle ihre Gedanken sammlen, damit alles in wahrer Andacht des Herzens geschehen möge.

§. 6. Ich machte sofort den Anfang mit einem kurzen Gebet und that hierauf im Namen des Dreyeinigen Gottes, des Vaters, Sohnes und heiligen Geistes folgende Fragen an sie: [397] Ich frage euch Anna Martha Hungerlandin im Namen des allgegenwärtigen, allwissenden und heiligen Gottes.

1) Erkennet und bekennet ihr, daß ihr eine recht grosse und schwere Sünderin seyd? Sie antwortete: Ja.

2) Erkennet ihr, daß ihr mit euren schweren Sünden, nemlich mit eurem Ehebruch und Kindermord zeitlichen Tod und ewige Verdammniß verdienet habet? Sie antw. Ja.

3) Habt ihr euch nicht auch an eurem Nebenmenschen, sonderlich N. und N. mit lügenhaften Auflagen und Beschuldigungen gar sehr versündiget? Sie antwortete: Nein, darauf will ich das heilige Abendmahl nehmen und frölich sterben.

4) Glaubet ihr, daß wo ihr eure Unreinigkeit und Mord noch so herzlich bereuetet aber dabey in einer einzigen Lügen dahin stürbet, ihr müßtet verlohren gehen? Sie antwortete: Ja, das weiß ich wohl, und habe es vielmal bedacht.

5) Sind euch denn aber eure Sünden, die ihr bekennet gethan zu haben, alle von ganzem Herzen leid? Sie antwortet: Ja von Herzen.

6) Glaubet ihr denn auch, daß Jesus Christus alle eure Sünden am Stamme des Kreutzes gebüsset habe? Sie antw. Ja, das glaube ich.

7) Glaubet ihr auch, daß der versöhnte Vater im Himmel alle eure Sünden, um Jesu **[398]** Verdienstes willen, euch vergeben habe und noch vergeben wolle? Sie antwortet: Ja, das glaube ich.

8) Habt ihr denn auch den festen Vorsatz, dafern ihr das Leben länger haben solltet, (hier fiel sie mir in die Rede, und sprach: Nein, ich lebe nicht länger) ich sage: wenn euch erlaubet wäre, länger zu leben, euch ganz anders zu bezeigen: Sie antwortet: Ey ja wohl.

9) Wollet ihr denn auf dieses euer Bekänntniß absolviret seyn? Wollet ihr darauf das heilige Abendmahl nehmen? Wollet ihr darauf sterben und heimfahren? Sie antw. Ja, auf mein Bekenntniß will ich die Absolution nehmen, und frölich sterben.

§. 7. Nach dieser ihrer Beichte, that an sie eine Anrede, auf Veranlassung des vergangenen Evangelii, am 19. Sonnt. nach Trin. sonderlich der Worte Jesu: Gehe hin, dein Sohn lebet![445] welche denn auf sie adplicirte.[446] Vor der Absolution trat nochmalen an ihr Gewissen, und wiederholte obige Fragen abermalen, mit inständigen Flehen, ja nichts mit in die Ewigkeit zu nehmen. Weil nun ihre Gegenaussage war wie die vorige, so absolvierte sie, und reichte ihr darauf das Heil. Abendmahl, welches sie (wie auch die Absolution) mit gebogenen Knien und in vieler Andacht empfinge, ihrem Heiland, nach dem Genuß, von Herzen dankende, daß er sie so kräftig an ihrer **[399]** Seelen erquicket. Worauf wir etliche Liedergen sungen, und unsere heilige Handlung beschlossen.

§. 8. Gleich nach dem Heil. Abendmahl nahm sie von mir und ich von ihr Abschied. Sie drückte und küßte meine Hände zu vielen malen, dankte dafür recht herzlich, daß ich sie in ihren Banden so oft besuchet, und zu dem Herrn Jesu hingeführet hätte, mit recht flehentlicher Bitte, daß ich ja dem Herrn Jesu recht treu verbleiben, und so fortfahren möchte, so würden wir gewiß einander im Himmel antreffen.

§. 9. Immittelst wurde es Tag, und mein werthester Herr Mitarbeiter, Hr. Pfarr Schenck[447] von Eckstedt,[448] kam auch an; worüber sie eine innigliche Freude hatte. Auch traten etliche andere Herrn *Pastores vicini*[449] zur Stube hinein, welche nachhero beym Ausgang[450] sie nie mit ihrem tröstlichem Zuspruch verlassen. Wir brach-

---

445 Joh 4,50.
446 *adplicirte* = applicirte: anwendete.
447 Johann Tobias Schencke, geb. 1685 in Vippachedelhausen, Pfarrer in Eckstedt von Dezember 1715 bis zu seinem Tod am 27.5.1743, lt. einem handschriftlichen Pfarrerverzeichnis (Kreisarchiv Sömmerda: Gemeinde Eckstedt Nr. B 53). In einer Pfarrübersicht aus dem Jahr 1743 wird Johann Tobias Schencke ebenfalls – jedoch ohne ohne weitere Angaben – genannt. (Thüringisches Hauptstaatsarchiv Weimar: Konsistorialsachen B 2906, Bl. 302).
448 Eckstedt ist ein Ort etwa 7 km südöstlich von Großrudestedt.
449 *Pastores vicini*: Pfarrer aus benachbarten Gemeinden.
450 *beym Ausgang*: auf dem Weg zur Richtstätte.

ten denn unsere wenige Stunden zu fast mit lauter Singen, denn unsere Anna Martha bliebe unverrückt in ihrer freudigen Fassung. Doch sammleten wir uns auch unterweilen, da sie denn von diesem und jenem Bekannten recht zärtlichen Abschied nahm, und alle an ihr erwiesene Güte, Liebe und Treue rühmte, sonderlich des Herrn Informatoris[451] im fürstlichen Amte öftern Besuch, wie auch der Herren Schulbedienten zu N., wünschte ihnen dafür göttlichen Seegen. † Sie versicherte uns, wie ihr sehr wohl sey, und daß sie eines frölichen Todes sterbe. **[400]**

> † Wer sollte nicht hiebey ein Verlangen empfinden, sich auch bey aller Gelegenheit verlohner[452] Schaafe anzunehmen? O! es ist doch was kostbares, einer Seele vom Tode helfen! Jac. 5, 19. 20.[453]

§. 10. Hierauf giengen wir vors peinliche Halsgericht,[454] sie mit frölichem, wir mit getrosten Herzen. Weil wir Brautführer seyn sollten,[455] so nahmen wir sie bey beyden Händen. Als wir sie vor diesem Gerichte fragten: wie ihr wäre? antwortete sie mit einer freundlichen Mine: Es sey ihr wohl, und that hinzu: der Herr Jesu sey bey ihr, sie fühlte seine Gegenwart. Brach der Richter den Stab über sie,[456] so sagte sie mir ins Ohr: betriffts

---

451 *Informator:* Lehrer, vgl. 369.
452 offenbar ein Druckfehler: verlohrner.
453 Jak 5, 19 f.: „Liebe Brüder, wenn jemand unter euch irren würde von der Wahrheit, und jemand bekehrte ihn, der soll wissen, daß, wer den Sünder bekehrt hat von dem Irrtum seines Weges, der hat einer Seele vom Tode geholfen und wird bedecken die Menge der Sünden."
454 *Peinliches Halsgericht:* öffentliche Gerichtssitzung vor einer Vollstreckung am Gerichtsplatz, auf der das bereits abgelegte Geständnis noch einmal öffentlich wiederholt werden musste und anschließend das Urteil verlesen wurde. Jürgen Martschukat: Inszeniertes Töten, S. 15.
455 Vgl. Anm. 149, 187, 205, 206, 221, 431.
456 Nach dem Todesurteil bricht der Richter den Stab über die Delinquentin. Vgl. Richard van Dülmen: Theater des Schreckens. Gerichtspraxis und Strafrituale in der frühen Neuzeit, München 1985, S. 61.

doch nur das zeitliche Leben. Kamen die Knechte auf sie zu, sie zu binden, und ich bat für, so sprach sie mit einer lächelnden Mine: Lassen sies immer, lieber Herr Caplan,[457] es thut mir nichts. Ist doch mein Heiland auch gebunden worden.[458] Auf dem Hinwege hatte sie auf allen Seiten tröstlichen Zuspruch. Vor ihr giengen hin etliche Herren Geistlichen, die ruften immer ein tröstlich Wörtgen hinter sich auf sie zu. Neben sich hatte sie mich und meinen gel. Herrn Mitarbeiter, und hinter ihr rufte ihr ein sicherer lieber Mensch[460] beständig ins Ohr: sie sollte ja fest an ihrem Heiland halten.

§. 11. Kamen wir in den Kreis, und sie erblickte ihren Sarg, so sprach sie freudenvoll: Ist das mein Ruhestättgen? gieng auf selbigen zu, und deckte denselbigen auf. Darauf stiegen wir den Chavot hinan, thaten, so bald der Chor zu [401] singen aufhörte, etliche von vorgemeldten Fragen an sie, und absolvirten sie nochmalen von ihren Sünden. Nach diesem sung der Chor, auf ihr Begehren: Meinen Jesum laß ich nicht.[461] Unter diesem Liede, welches sie mehrentheils mit heller Stimme mitsunge, faßte sie sich einmal auf den zum lezten Streich verfertigten Stuhl, sagende: Ich muß doch sehen, wie sichs auf diesem Stühlgen sitzet. Da aber das Liedgen

---

457 Kaplan ist die Bezeichnung für einen katholischen Geistlichen, bevor er eine eigene Pfarrstelle übernommen hat und noch Hilfsgeistlicher ist. Erstaunlich ist, dass der evangelische Pfarrer hier als Kaplan angeredet wird.

458 Vgl. Mk 15,1.

459 Pastor Schencke von Eckstedt. Vgl. Anm. 447. Die Abkürzung „gel." bedeutet gewöhnlich „gelehrt".

460 *sicherer lieber Mensch:* gewisser (ungenannt bleibender) lieber Mensch, vgl. Anm. 240.

461 Lied von Christian Keimann (Strophen 1, 2 und 6) bzw. Benjamin Schmolck (Strophen 3, 4 und 5), in: Freylinghausen: Gesangbuch, Bd.1, Teil 2, S. 1039. Vgl. BBKL Bd. 33, Sp. 1299 f. sowie Müller, Hymnologisches Handbuch, S. 176.

zu Ende, fiel sie auf ihre Knie, wir mit ihr, und sie schickte ein Gebet zu Gott, nebst einer kurzen Ermahnung an das Volk, welches also lautet:

§. 12. Liebster Herr Jesus! ich stehe anietzo als eine große Sünderin vor dem Halsgerichte, vor Gott Vater, Sohn und Heiligen Geist, und werde den Lohn, den ich mit Mord und Ehebruch verdienet habe, empfangen. Liebster Heiland! ich habe weit mehr, als diese Todesstrafe verdienet, aber ich bekenne meine schwere Missethat und Sünde, die mir herzlich leid. Zu dir, meinem Heilande, Christo Jesu, nehme ich allein meine Zuflucht, du wollest mir aus lauter Gnade und Barmherzigkeit alle meine begangene Missethaten um deines Leidens und Sterbens willen vergeben, und den kräftigen Trost in mein Herze schenken, daß ich sagen kann, meine Tochter, deine Sünden sind dir vergeben![462]

Ihr lieben Seelen! ich habe drittehalb Jahr[463] in dem Gefängniß und Banden gelegen, es hat mir große Mühe gekostet, ehe ich zum wahren Glauben [402] an meinen Heiland bin gebracht worden. Ach, wie habe ich nicht gerungen! Ach, wie habe ich nicht gekämpfet, ehe ich bin zur Erkänntniß der Wahrheit und meiner Sünden gekommen! †

> † Niemand denke hier, als wolle sie sich selbst rühmen, oder ihr ein Verdienst einbilden. Ach nein! sie wußte wohl, wie viel es ihn (Jesum) gekostet, daß sie erlöset seyn; und daß alles ihr Ringen ganz umsonst gewesen wäre, wenn die Gnade Jesu nicht alles gethan hätte. Ihre Worte aber sollen anzeigen, die Sünde sey kein Spielwerk, und Satans Ketten kein Spinn-

---

462 Vgl. Anm. 314, 398, 428.
463 Vgl. Anm. 414.

gewebe. Man könne nicht so herausspringen, wenn und wie man wolle. Man müsse in der Erfahrung ganz etwas anders fühlen. Und folglich sey die entsetzliche Leichtsinnigkeit und Trägheit des sicheren Sünders eine höchstgefährliche Sache. Jesu Worte stehen feste: Ringet darnach, daß ihr durch die enge Pforte eingehet! Luc. 13, 23. 24.[464] Es solle doch also niemand zu sündigen fortfahren, und niemand seine Bekehrung aufschieben; sondern lieber bald erschrecken vor seinen Sünden, und dieselben lernen groß achten. So werde ihm Jesus zeigen: Es sey nicht schwer, ein Christ zu seyn.[465]

Allerliebster Herr Jesu, habe tausendmal Dank, daß du mich aus dem ewigen Verderben heraus gerissen, und in das geistliche und selige Leben versetzet.

Ich weiß, es sind unter diesen Seelen auch viele vorhanden, die heimlich große Sünden begangen (und mit meinen Greueln sich beflecket) haben. Ach sehet, und nehmt doch alle ein Exempel an mir, und thut rechtschaffene Buße![466] Ach, lasset euch doch von den Schlacken eurer Sünden[466] ganz und gar losmachen. Kämpfet und ringet, daß ihr [403] durch Tod und Leben zu Jesu dringet! Aber ihr guten Seelen, die ihr euch bisanhero zu Jesu gehalten habt, bleibet ihm doch bis in euren Tod getreu, und lasset euch ja nicht die Welt von Jesu abführen: denn wer beharret bis ans Ende, der soll selig werden.[468] Sey getreu bis in den Tod, so wird er dir die Krone des Lebens geben.[469]

---

464 Lk 13, 23 f.: „Es sprach aber einer zu ihm: HERR, meinst du, dass nur wenige selig werden? Er aber sprach zu ihnen: Ringet darnach, dass ihr durch die enge Pforte eingehet; denn viele werden, das sage ich euch, darnach trachten, wie sie hineinkommen, und werden's nicht tun können."
465 Lied von Christian Friedrich Richter, vgl. Anm 309.
466 Apg 26,20.
467 *Schlacken der Sünden:* pietistischer Ausdruck, vgl. Langen, S. 74.
468 Mt 24,13; Mk 13,13.
469 Offb 2,10 und Jak 1,12.

Liebster Heiland! wie bin ich nicht in meinem dritthalbjährigen[470] Gefängniß für eine große Lügnerin aus-
geschrien und angegeben worden, in einer Sache, die
wol allen wird bewußt seyn. Ich bezeuge aber hiermit
vor Gott und allem Volk, daß ich nicht gelogen habe.
Bringe es doch noch in dieser Welt an den Tag. Ich
werde auch diese Wahrheit mit meinem Blute versiegeln, und es jetzo darauf vergiessen, daß ich nicht zu
viel geredet habe. Jedoch, ich vergebe allen meinen
Feinden, welche mir die Last meines Gefängnisses größer gemacht, von Grunde meiner Seelen. Vergieb es ihnen allen, was sie mir zu viel gethan haben.[471]

Sehet, (hier hub sie die Schürze mit beyden Händen
auf) wenn nun jemand spräche: Siehe, Anna Martha, da
will ich dir eine ganze Schürze voll Ducaten[472] geben,
damit kaufe deinen Kopf. Nein, das verlange ich nicht.
Das ewige Gut macht rechten Muth.[473] Weg mit allen
Schätzen, du bist mein Ergetzen, Jesu, meine Lust
usw.[474] Wie sehe ich nicht meinen Glanz (diese und folgende Worte redete sie mit ausgebreiteten Händen und
in einem großen Affect) vor mir, wie sehe ich nicht den
Himmel offen! Ach! ich sehe meinen Heiland! [404]

---

470 Vgl. Anm. 414, 463.
471 *was sie mir zu viel gethan haben:* was sie an Verleumdungen über mich
ausgegossen haben.
472 *eine ganze Schürze voll Ducaten:* Parallele zum Märchen vom Sterntaler.
473 Zitat aus dem (eines Akrostichons wegen Maria von Ungarn zugeschrie-
benen) Lied „Mag ich Unglück nicht widerstahn Muß Ungnad han", Str.
2; das Lied ist u. a. enthalten in: Lüneburgisches Gesang=Buch / Darinnen 2100. so wol alte als neue Geistreiche Lieder / Auß den besten Autoren gesammlet, Lüneburg 1702, Nr. 1409, S. 859 f.; auch noch in: Karl von
Raumer, Sammlung geistlicher Lieder, Basel 1831, Nr. 370, S. 233 f. Eine
ähnliche Wendung findet sich auch im Tauflied von Michael Franck
(1609–1667) „Sei Gott getreu, halt seinen Bund", s. Fischer/Tümpel, Das
deutsche evangelische Kirchenlied, Bd. 4, S. 229: „Diß höchste Gut Macht
rechten Muth".

O unaussprechliche Freude! Ach! daß ich doch Flügel hätte, und könnte nur zu meinem Jesu Himmel-auf fliegen.[475] Ach! wie ist mir doch so wohl! Nun komm, du schöne Freudenkrone, bleib nicht lange usw.[476] So komm, herzliebste Braut, du bist mir anvertraut, hier hast du nun zum Lohn die güldne Ehrenkron.[477] Ich gebe dir zu treuen Händen, Herr, meine Seel, dein Eigenthum, daß Deine mag ich nicht entwenden, es bleibet dein zu deinem Ruhm, gieb nur, wenn ich ruf, Achtung drauf: Herr Jesu, meinen Geist nimm auf.[478] Wenn ich anietzt soll scheiden, so scheide nicht von mir; wenn ich den Tod soll leiden, so tritt du selbst herfür, wenn mir am allerbängsten wird um mein Herze seyn, so reiß mich aus den Aengsten, kraft deiner Todespein.[479] Nun gute Nacht, o Wesen, das die Welt erlesen usw.[480]

Ihr meine lieben Freunde, die ich hinterlasse, betrübet euch nicht über meinen Abschied, achtet es euch für keinen Schimpf, daß ich vom Leben zum Tode hingerichtet werde, denn ich weiß gewiß, daß ich selig sterbe. Bleibt doch ja eurem Jesu getreu, daß ihr auch einmal in die Freude der ewigen Seligkeit kommen möget. Lasset euch die Welt nicht von eurem Jesu abführen, und

---

474 Beginn der vierten Strophe von „Jesu, meine Freude". Vgl. Anm. 402.
475 Vgl. Anm. 436.
476 Zitat aus der siebten Strophe des Liedes „Wie schön leuchtet der Morgenstern" von Philipp Nicolai (1556–1608), in: Freylinghausen: Gesangbuch, Bd. 1, Teil 2, S. 730 f.; Eisenachisches Neu-Vermehrtes Gesangbuch, 1712, S. 70–73 (EG 70).
477 *So komm, herzliebste Braut:* unbekanntes Lied.
478 *Ich gebe dir zu treuen Händen …:* Sechste Strophe des Liedes „Weil nichts gemeiners ist als sterben"; Verfasser unbekannt; s. Freylinghausen: Geist=reiches Gesang=Buch, den Kern alter und neuer Lieder in sich haltend, Halle 1741, 1. Teil, S. 572.
479 *Wenn ich anietzt [...] Todespein:* Die vorletzte Strophe des Liedes „O Haupt voll Blut und Wunden" von Paul Gerhardt, in: Freylinghausen: Gesangbuch, Bd. 1, Teil 1, S. 142 f. (EG 85).
480 Zitat aus „Jesu, meine Freude", vgl. Anm. 402.

haltet an der Krone der ewigen Seligkeit.[481] Nun komm du schöne Freudenkrone usw.[482] Weicht, ihr Trauergeister! denn mein Freudenmeister, Jesus, tritt herein usw.[483] O du großer Gott, erhöre, was dein Kind gebeten hat usw.[484] **[405]**

Nun zu tausendmal gute Nacht, lebt alle wohl, und trachtet darnach, daß wir in dem ewigen Leben wieder zusammen kommen mögen.

§. 13. Nach Endigung solcher Rede, stieg sie auf, bot dem Scharfrichter die Hand, mit Bitte, er möchte es fein hübsch machen, welcher ihr antwortete: Sie möchte nur getrost seyn, in ihrer guten Fassung beharren, er wolle es schon hübsch machen. Hierauf nahm sie selbst ihr Halstuch ab, steckte es vorne an, sagte mit freundlicher Mine zu den Knechten, so sie von hinten zu entblosten, sie möchten immer wacker entzwey reissen, setzte sich auf den Stuhl, gab den Geistlichen nochmalen die Hand, seufzete und rief laut: Ach, ich sehe den Himmel offen. Herr Jesu! nimm meinen Geist auf.[485] Und empfieng unter solchen lezten Worten den glücklichen Streich.

§. 14. Alle Worte, so sie geredet, hat sie mit grosser Kraft und Freudigkeit ausgesprochen, und noch auch dabey so bewegend, daß den meisten Zuschauern die Thränen aus den Augen gefallen.

---

481 *Krone der ewigen Seligkeit:* vermutlich eine Anspielung auf das gleichnamige Lied von Angelus Silesius (Johann Scheffler), in: Angelus Silesius, Sämtliche poetische Werke in drei Bänden. Band 2, München 1952, S. 362–366
482 Siehe Anm. 476.
483 Siehe Anm. 402.
484 Beginn der achten Strophe des Liedes „Werde munter, mein Gemüte" von Johann Rist (1607–1667), in: Freylinghausen: Gesangbuch, Bd. 1, Teil 2, S. 887 f; Eisenachisches Neu-Vermehrtes Gesangbuch, 1712, S. 876–79 (EG 475).
485 *Ach, ich sehe [...] Geist auf:* Bezugnahme auf den Tod des Stephanus, Apg 7,56–59. Vgl. Anm. 354, 401.

§. 15. Nun dir, mein guter treuer Heiland, sey denn Preiß und Ehre, Lob und Dank, tausendmal, daß du diß arme verlohrne Schäflein so treulich suchen, finden, bewähren und endlich selig machen wollen.[486] Du müssest gelobet werden von allen denen, die deinen Namen lieben, daß du an dieser Seele den geringen Dienst deiner Knechte so reichlich segnen, und durch ihr freudi-[**406**]ges und seliges Ende uns und alle Gegenwärtige kräftig erbauen wollen. Ach, verleihe aus Gnaden, daß alle die, so da ihren freudigen Glaubens- und Todes-Kampf mit Augen gesehen und Ohren gehöret haben, mögen dadurch entweder zur wahren Buße erwecket, oder im rechten wahren lebendigen Glauben gestärket und also zum ewigen Leben erhalten werden. Insonderheit schaffe doch durch deines Wortes Kraft und deines heiligen Geistes Mitwirkung, daß das Leben und erbauliche Ende unserer lieben Anna Martha allen denenjenigen recht sehr eindrücklich seyn möge, welche sie theils zu Sünden verleitet, theils verleiten wollen, oder aber vor und nach ihrer Vollendung, mit lieblosen richten und urtheilen sich an ihr versündiget haben. Hilf auch, daß ihr erbaul. Gedächtniß[487] bey allen denen im Segen bleiben möge, ewiglich, welche sie im Leben gekennet haben. Und wenn diese Bogen sollten das Glück haben, durch den Druck allgemein gemacht zu werden, so verleihe allen denen, so sie lesen, daß sie aus denselben so viel Erbauung schöpfen mögen, daß sie angetrieben werden, dich den großen Sünderfreund dafür zu preisen, für den Verfasser aber und fernere Benedeyung[488] seines Amts und Bemühung, in Gott den Herrn zu flehen. Amen HERR JESU! Amen!

---

486 Gleichnis vom verlorenen Schaf (s. Anm. 268) nochmals summiert.
487 *erbaul. Gedächtniß:* erbauliches Angedenken.
488 *Benedeyung:* Segnung.

[407] Luc. 15, 2.

JESUS nimmt die Sünder an, und isset mit ihnen.
Mel. Beschränkt ihr Weisen dieser Welt usw.

Mein Heyland nimmt die Sünder an! die unter ihrer
Last der Sünden kein Mensch, kein Engel trösten kann,
die nirgends Ruh und Rettung finden. Den'n selbst die
weite Welt zu klein, die sich und Gott ein Greuel seyn:
Den'n Moses schon den Stab gebrochen, und sie der
Hölle zugesprochen; wird diese Freystadt aufgethan.
Mein Heyland nimmt die Sünder an.

2. Sein mehr als mütterliches Herz, trieb ihn von seinem Thron auf Erden; Ihn drang der Sünder Weh und
Schmerz, an ihrer statt ein Fluch zu werden; Er senckte
sich in ihre Noth, und schmeckte den verdienten Tod.
Nun, da er dann sein eigen Leben zur theuren Zahlung
hingegeben, und seinem Vater gnug gethan; so heißts:
Er nimmt die Sünder an.

3. Nun ist sein aufgethaner Schooß ein sichres Schloß
gejagter Seelen. Er spricht sie von dem Urtheil los, und
tilget bald ihr ängstlich Quälen; Er wird ihr ganzes Sündenheer[489] ins unergründlich tiefste Meer von seinem
reinen Blut versencket; Der Geist, der ihnen wird ge-
schencket, schwingt über sie die Gnadenfahn. Mein
Heiland nimmt die Sünder an.

4. So bringt er sie dem Vater hin, in seinen Blutbefloß-
nen Armen! Das neiget denn den Vatersinn zu lauter
ewigem Erbarmen; Er nimmt sie an an Kindes statt, ja
alles was er ist und hat, wird ihnen eigen übergeben,

---

489 *Sündenheer:* unermessliche Fülle der Sünden.

und selbst die Thür zum ew'gen Leben wird ihnen frölich aufgethan. Mein Heiland nimmt die Sünder an.

5. O! solltest du sein Herze sehn, wie sichs nach armen Sündern sehnet! sowohl, wenn sie noch irre gehen, als wenn ihr Auge vor ihm thränet. Wie streckt er sich nach Zöllnern aus? Wie eilt er in Zachäi Haus?[490] Wie sanft stellt er der Magdalenen den milden Fluß erpreßter Thränen?[491] Und denckt: nicht, was sie sonst gethan. Mein Heiland nimmt die Sünder an.

6. Wie freundlich blickt er Petrum an, ob er gleich noch so tieff gefallen;[492] Nun dieß hat er nicht nur gethan, da er auf Er-[408]den mußte wallen: Nein, er ist immer einerley, gerecht und fromm und ewig treu: Und wie er unter Schmach und Leiden, so ist er auf dem Thron der Freuden den Sündern liebreich zugethan. Mein Heiland nimmt die Sünder an.

7. So komme denn, wer Sünder heißt, und wen sein Sündengreul betrübet, zu dem, der keinen von sich weis't, der sich gebeugt zum ihm begiebet. Wie? willst du dir im Lichte stehn, und ohne Noth verlohren gehn? Willst du der Sünde länger dienen, da dich zu retten er erschienen? O nein! verlaß die Sünderbahn. Mein Heiland nimmt die Sünder an.

8. Komm nur mühselig und gebückt, komm nur, so gut du weist zu kommen; wenn gleich die Last dich niederdrückt, du wirst auch kriechend angenommen. Sieh, wie sein Hertz dir offen steht, und wie er dir entgegen

---

490 Vgl. Jesu Besuch beim Zöllner Zachäus, Lk 19,2–8.
491 Vgl. die Erscheinung Jesu vor der an seinem Grab trauernden Maria Magdalena Joh 20, 11–18.
492 Vgl. die Verleugnung des Petrus Mt 26,69–75 (und Parallelen).

geht![493] Wie lang hat er mit vielem Flehen sich brünstig nach dir umgesehen? So komm denn, armer Wurm, heran: Mein Heiland nimmt die Sünder an.

9. Sprich nicht: Ich habs zu grob gemacht, ich hab die Güter seiner Gnaden so lang und schändlich umgebracht, er hat mich oft umsonst geladen. Wofern du's nur jetzt redlich meynst, und deinen Fall mit Ernst beweinst: So soll ihm nichts die Hände binden, und du sollst noch Genade finden. Er hilft, wenn sonst nichts helfen kann. Mein Heiland nimmt die Sünder an.

10. Doch sprich auch nicht: Es ist noch Zeit! Ich muß erst diese Lust geniessen; Gott wird ja eben nicht gleich heut die offnen Gnadenpforten schliessen. Nein, weil[494] er ruft, so höre du, und greif mit beyden Händen zu: Wer seiner Seelen Heut verträumet, der hat die Gnadenzeit versäumet; Ihm wird hernach nicht aufgethan. Heut komm, heut nimmt dich Jesus an.

11. Ja, zeuch uns selbsten recht zu dir, holdseligsüßer Freund der Sünder: Erfüll mit sehnender Begier auch uns, und alle Adamskinder. Zeig uns bey unserm Seelenschmerz dein aufgespaltnes Liebesherz; und wenn wir unser Elend sehen, so laß uns ja nicht stille stehen, bis daß ein jeder sagen kann: Gott Lob! auch mich nimmt Jesus an.[495]

---

493 Vgl. Lk 15, 20.
494 *weil:* solange.
495 Lied von Leopold Franz Friedrich Lehr; siehe Anm. 372.

Nachwort

„Mein Antrieb war die Ehre des Gekreutzigten, und die Heranlockung mancher verlohrnen Seele zu seinem Herzen."[1] Mit diesen knappen Worten legt Ernst Gottlieb Woltersdorf seine Motive dar, die ihn zur Veröffentlichung seiner Sammlung von Malefikantenberichten unter dem Titel „Der Schächer am Kreutz" veranlasst haben. Die Berichte über die Bekehrung des Mörders Christian Friederich Ritter und der am Kindsmord beteiligten Anna Martha Hungerlandin sind zwei typische Beispiele dieser insgesamt 40 gesammelten „Nachrichten von der Bekehrung und seligem Ende hingerichteter Missethäter".

Am 31. Mai 1725 in Friedrichsfelde bei Berlin als sechster Sohn des Pastors Gabriel Lukas Woltersdorf geboren, besuchte Ernst Gottlieb das Gymnasium zum Grauen Kloster in Berlin und begann 1742 als Siebzehnjähriger sein Studium der Theologie an der Universität in Halle, wo er in dem dortigen Waisenhaus wohnte und als Lehrer erste pädagogische Erfahrungen sammeln konnte. Nach eigener Aussage wurde er dort, veranlasst durch einen Vortrag des pietistischen Diakons Leopold Franz Friedrich Lehr aus Köthen,[3] zu einem Überdenken seiner

---

1   Ernst Gottlieb Woltersdorf: Der Schächer am Kreutz. Das ist, Vollständige Nachrichten von der Bekehrung und seligem Ende hingerichteter Missethäter, Bd. 1, 2. Aufl., Budißin und Görlitz 1761, Vorrede, Bogen A2r. Die Vorrede ist aus der ersten Ausgabe dieser Schrift von 1753 übernommen worden.

2   Zu Ernst Gottlieb Woltersdorf siehe Eduard Emil Koch: Geschichte des Kirchenlieds und Kirchengesangs, Bd. 2, 2. Aufl., Stuttgart 1852, S. 116–127. Art., „Woltersdorf, Ernst Gottlieb" von David Erdmann. In: ADB 44 (1898), S. 174–184; Johannes Giffey, Ernst Gottlieb Woltersdorf. Ein evangelischer Sänger und Seelsorger in seinem Werk und Lied, Barmen (1925).

3   Leopold Franz Friedrich Lehr, geb. 1709 in Kronberg bei Frankfurt als Sohn eines Nassau-Idsteinischen Hofrats, nach Besuch des Gymnasiums in Id-

religiösen Einstellungen angestoßen, das ihn von einem durch Gesetzlichkeit geprägten Glauben schließlich zu einer auf Erlösung und Versöhnung ausgerichteten Christusfrömmigkeit hinführte. 1744 wurde er zunächst Hilfsprediger und Hauslehrer bei dem Pastor Samuel Herrmann Stilcke in Zerrenthin in der Uckermark. Zwei Jahre später übernahm er eine Stelle als Lehrer für den einzigen Sohn der verwitweten Reichsgräfin Henrike Eleonore von Promnitz auf Drehna in der Niederlausitz. Auf Empfehlung des Pastors in Thommendorf bei Bunzlau, Johannes Andreas Rothe[4], des vormaligen Pastors in Berthelsdorf und der Brüdergemeine in Herrnhut, wurde Woltersdorf 1748 zum zweiten Prediger in Bunzlau berufen. Mit seinen eingängigen Predigten und den von ihm eingerichteten Erbauungsstunden fand er eine große Resonanz in der Bevölkerung, so dass er schon bald eine Erweckungsbewegung in Bunzlau und Umgebung hervorzurufen vermochte. Später übernahm er zudem die Leitung des neuen, nach halleschem Vorbild gegründeten Waisenhauses.[5] Trotz mehrerer Rufe auf Pfarrstellen

---

stein, 1729 Studium der Theologie in Jena, ein Jahr später in Halle, wo er Freylinghausens Kinder unterrichtete und zugleich Lehrer am Waisenhaus war; 1731 wurde er Hofmeister der Prinzessin zu Anhalt-Köthen und 1740 Diakon in Köthen. Er verstarb wenige Jahre später, im Januar 1744. Lehr war Mitherausgeber der 1733 in Köthen erschienenen „Geistreiche[n] Lieder allen gottliebenden Seelen zur Erbauung". Siehe Allgemeine Kirchen=Zeitung. Ein Archiv für die neueste Geschichte und Statistik der christlichen Kirche, 13. Jg. 1834, 1. Bd., Sp. 1125 f.; Eduard Emil Koch: Geschichte des Kirchenlieds und Kirchengesangs, Bd. 2, 2. Aufl., Stuttgart 1852, S. 107–114.

4   Art. „Rothe, Johann Andreas" von H.A. Lier. In: ADB 29 (1889), S. 351–353; Eberhard Teufel, Johann Andreas Rothe 1638–1758. Ein Beitrag zur Kirchengeschichte der sächsischen Oberlausitz im 18. Jahrhundert. In: Beiträge zur sächsischen Kirchengeschichte 30 (1917) S. 1–69 und 31 (1918), S. 1–111; Hermann Steinberg, Johann Andreas Rothe. Pfarrer in Berthelsdorf 1722–1737, Herrnhut 1922 (Lebensbilder aus der Brüdergemeine 3); Gerhard Reichel: Die Anfänge Herrnhuts. Ein Buch vom Werden der Brüdergemeine, Herrnhut 1922; Art. „Rothe, Johann Andreas" von Dietrich Meyer. In: RGG[4] Bd. 7, Tübingen 2004, Sp. 645 f.

5   W[ilhelm] A[lbrecht] H[einrich] Stolzenburg: Geschichte des Bunzlauer Waisenhauses, Breslau 1854.

blieb er bis zu seinem Tod im Jahr 1761 seiner Bunzlauer Gemeinde treu. Woltersdorf war ein zu seiner Zeit bekannter Erbauungsschriftsteller und Verfasser zahlreicher Kirchenlieder. Er veröffentlichte 35 erbauliche Schriften und verfasste über 200 geistliche Lieder,[6] von denen viele jedoch nicht den Ansprüchen kunstvoller Poesie genügen. Sein pfarramtliches Wirken, seine erbaulichen Schriften und seine religiöse Lieddichtung spiegeln den Geist des Hallischen Pietismus wider, hier und da auch mit deutlichen herrnhutischen Anklängen.

Die von Woltersdorf herausgegebenen Berichte über die Bekehrung zum Tode verurteilter Missetäter ergänzen das von ihm verfasste erbauliche Schrifttum, mit welchem er die Grundfesten pietistischer Theologie und Frömmigkeit gegen die sich im zweiten Drittel des 18. Jahrhunderts zunehmend entfaltende Aufklärung zu behaupten und zu bewahren versuchte. Er war nicht der erste und einzige, der einzelne, zunächst als Monatsschrift angelegte Malefikantenberichte kompiliert und herausgegeben hat. Schon 1740 hatte Johann Jacob Moser[7] einen Sammelband „Seelige letzte Stunden, einiger dem zeitlichen Tode übergebener Missethäter"[8] anonym veröffentlicht. Moser publizierte 1753 eine noch weit umfangreichere Sammlung unter dem Titel „Seelige letzte Stunden, 31 Personen, so unter des Scharfrichters Hand gestorben".[9] Im gleichen Jahr gab

---

6   Vgl. Christian Bunners (Hg.), Lieder des Pietismus aus dem 17. und 18. Jahrhundert, Leipzig 2003 (Kleine Texte des Pietismus 6), S. 70, 135, 153.

7   Zu Moser siehe RGG[4], Bd. 5, Tübingen 2002, Sp. 1544; Reinhard Rürup: Johann Jakob Moser, Pietismus und Reform, Wiesbaden 1965.

8   Erschienen 1740 in Ebersdorf und Leipzig. Weitere Auflagen Jena 1742, Leipzig 1745.

9   Der volle Titel des Buches lautet: Seelige letzte Stunden, 31 Personen, so unter des Scharfrichters Hand gestorben: Vor der Welt, als Kindes- und andere Mörder, Duellanten, Jauner, Diebe, Mordbrener, Viehisch-Unzüchtige, und Militar-Verbrechere; vor Gott aber, als in dem Blute Jesu gerechtfertigt und abgewaschene, oder doch gnadenhungrige Seelen, Stuttgart, Frankfurt und Leipzig 1753.

auch Wilhelm Jeremias Jacob Cleß, Pfarrer in St. Leonhard in Stuttgart, einige „erbauliche Exempel wolbereiteter Maleficanten" heraus.[10] Und ein Jahr zuvor waren Johann Adam Brehmens „Geistliche Betrachtungen und Reden bey zum Tode verurteilten Maleficanten" in Jena erschienen. Was alle Herausgeber dieser Sammelbiographien einte, war ihr pietistischer Hintergrund.

Auch die Zulieferer, die Verfasser der einzelnen Malefikantenberichte, waren in der Regel Pietisten oder doch dem Pietismus eng verbundene Theologen. Zumeist waren es jene Geistliche, die mit der seelsorgerlichen Betreuung der Inhaftierten betraut waren. Die Verfasser des Bekehrungsberichts von Christian Friederich Ritter seien, wie es im Titel heißt, Personen gewesen, „die alles selbst mit angesehen und gehöret". Ihren Bericht verfassten die Autoren allerdings erst in längerem zeitlichem Abstand zur Hinrichtung. Sie konnten dabei auf keine noch zu Lebzeiten Richters verfassten Aufzeichnungen zurückgreifen, deshalb habe man „nur so viel aufgesetzt, als man sich noch ganz gewiß erinnern können."[11] Wahrscheinlich handelt es sich bei den Autoren um die beiden Seelsorger, die den Delinquenten während seiner Gefangenschaft betreut und zum Schafott begleitet haben: die Pastoren Jakob Schmidt und August Hövet.[12] Beide Geistlichen waren von der pietistischen Prinzessin Augusta von Mecklenburg-Güstrow nach Dargun berufen worden.

---

10 Wilhelm Jeremias Jacob Cleß, Sicherer und getreuer/Wegweiser/für/arme Maleficanten/in den Gefängnissen/Begreifend/1. Einen schrifftmäßigen Unterricht von Busse, Glauben und seeligem Sterben / 2. Erweckliche Gebette auf allerhand Umstände. / 3. Erbauliche Exempel wolbereiteter Maleficanten, Stuttgart 1753.
11 Siehe S. 52.
12 Nähere biographische Angaben zu den Predigern finden sich auf S. 54, Anm. 209 und 210: Vgl. Jonathan Strom, Conversion, confessionalization and pietism in Dargun, in: Fred van Lieburg (Hg.), Confessionalism and Pietism, Mainz 2006, S. 157 ff.

In dieser kleinen mecklenburgischen Residenzstadt, einer Hochburg des Pietismus im 18. Jahrhundert, fand die Hinrichtung Ritters statt. Der Verfasser des zweiten Berichts, der Pastor Matthias Michael Kümmelmann, darf ebenfalls der pietistischen Bewegung zugerechnet werden.[13] Auch er hat die Delinquentin von der Gefangennahme bis zu ihrer Hinrichtung seelsorgerisch begleitet. Kümmelmann begann seinen Bericht sofort nach der Hinrichtung zu schreiben; als Grundlage dienten ihm die von den Behörden geführten Akten wie auch sein Tagebuch.[14]

Die Malefikantenberichte werden von Woltersdorf so wiedergegeben, wie er sie in der Druckfassung vorgefunden hat oder wie sie ihm als Manuskript geliefert wurden. Wolterdorfs Anspruch war, „zuverlässige" und „unverfälschte" Nachrichten über die „armen Sünder" mitzuteilen.[15] Nur hin und wieder fügt er in den Texten Anmerkungen ein, die er als solche aber kenntlich macht. Während er im Bericht über den Mörder Christian Friederich Richter eine Reihe an Kommentierungen vornimmt, beschränkt er sich im zweiten Bericht über die Hungerlandin auf einige wenige Anmerkungen. Die Einfügungen Woltersdorfs sind nur in seltenen Fällen notwendige Erläuterungen zum Text, vielmehr fügt er an passenden Stellen des Textes moralische Belehrungen, Ratschläge zur sittlichen Besserung und generelle Warnungen vor den Folgen sündhaften Lebens hinzu.[16] Seine Kommentare sollen vor allem den erbau-

---

13 Seinen Lebenslauf, in dem er nicht allein die göttliche Providenz und Führung in seinem Leben und Wirken herausstellt, sondern auch sein umfangreiches Beziehungsnetz darlegt, hat Kümmelmann seiner Schrift „Kräfftige Irrthümer Derer Freigeister, Epicurer, Heuchler, wie auch einiger schwacher Gemüther, unserer Zeit", Jena (1748), vorangestellt (S.4–18.). Vgl. die Lebensdaten auf S. 63 Anm. 235.
14 Siehe S. 65.
15 Woltersdorf: Der Schächer am Kreutz, Bd. 1, S. 26.
16 Siehe z. B. S. 11, 12, 20.

lichen Charakter dieser Berichte verstärken, indem er sich wiederholt direkt an den Leser wendet und ihn auffordert, aus den geschilderten Ereignissen eigene Lehren zu ziehen, oder indem er ihn unmittelbar zur zeitigen und unverzüglichen Bekehrung aufruft.[17]

Die Malefikantenberichte, wie sie in den Sammlungen von Woltersdorf, Moser, Brehme und Cleß zusammengetragen wurden, gehören neben anderen Thanatographien[18] zur biographischen und autobiographischen Exempelliteratur, einer im 18. Jahrhundert im Rahmen der pietistischen Bewegung entstandenen neuen literarischen Gattung.[19] Diese Sammelberichte orientieren sich an der „Historie Der Wiedergebohrnen" von Johann Henrich Reitz, der frühesten pietistischen „Sammlung paränetischer Lebens- und Seelenführungsberichte von – im Sinne des Pietismus – ‚erweckten' Geistern".[20] Wie der Titel der Woltersdorfschen Exempelsammlung zeigt, bildet die Geschichte

---

17 Siehe z. B. S. 14, 36 u. 58.
18 Erdmann Heinrich Graf Henckel: Die letzten Stunden einiger Der evangelischen Lehre zugethanen Personen und in diesem und nechst verflossenen Jahren selig in dem Herrn Verstorbenen Persohnen, Von unterschiedenem Stande, Geschlecht und Alter, 4 Tle., Halle 1720–33. Johann Friedrich Hähn, Die guten Wirckungen des Kranken-Bettes bey dem merckwürdigen Ende einiger Sterbenden, 2. Aufl., Berlin 1755/56; Ders.: Die guten Wirckungen des Kranken-Bettes mit einem abermaligen merckwürdigen Exempel erwiesen, Berlin 1760.
19 Auf die Malefikantenberichte als pietistische Exempelliteratur hat erstmals Hans-Jürgen Schrader hingewiesen: Literaturproduktion und Büchermarkt des radikalen Pietismus. Johann Henrich Reitz' „Historie Der Wiedergebohrnen" und ihr geschichtlicher Kontext, Göttingen 1989, S. 14; ders.: Nachwort des Herausgebers. In: Johann Henrich Reitz, Historie der Wiedergebohrnen. Vollständige Ausgabe der Erstdrucke aller sieben Teile der pietistischen Sammelbiographie (1698–1745) mit einem werkgeschichtlichen Anhang der Varianten und Ergänzungen aus den späteren Aufl., Bd., IV, hg. von Hans-Jürgen Schrader, Tübingen 1982 (Deutsche Neudrucke / Reihe Barock, Bd. 29) S. 127 ff.; ders.: Die Literatur im Pietismus – Pietistische Impulse zur Literaturgeschichte. Ein Überblick, in: Hartmut Lehmann (Hg.): Geschichte des Pietismus, Bd. 4: Glaubenswelt und Lebenswelten, Göttingen 2004, S. 396 f.
20 Schrader: Literaturproduktion und Büchermarkt des radikalen Pietismus, S. 13.

vom reuigen Schächer am Kreuz in Lk 23,42f. den Bezugspunkt für die Bekehrungsberichte der Armen Sünder.[21] Schon aus dem Titel sollte, wie Woltersdorf betont, „sowol der Inhalt und Endzweck als auch die Rechtmäßig= und Schriftmäßigkeit einer solchen Sammlung" zu erkennen sein.[22] Das Exempel der späten Reue am Kreuz und der darauf folgenden Erlösung durch Jesus Christus diente überhaupt als biblische Legitimation für die seelsorgerische Betreuung von zum Tode verurteilten Straftätern.[23]

Dem frühneuzeitlichen Staat ging es bei der öffentlichen Hinrichtung von Delinquenten zum einen um Abschreckung und zum anderen um Sühne und Wiederherstellung des durch die Straftat gestörten Rechtsfriedens.[24] Den pietistischen Geistlichen dagegen ging es um die ewige Seligkeit des Verurteilten; nur darauf waren die religiöse Unterweisung und die seelsorgerlichen Gespräche – verbunden mit Ermahnungen und trostspendenden Worten – ausgerichtet. Ziel dieser seelsorgerlichen Bemühungen waren die Bekehrung und die Wiedergeburt des Armen Sünders. Den Höhepunkt ihres pastoral-missionarischen Wirkens stellte schließlich die öffentliche Zurschaustellung des Bekehrungswerks auf dem Schafott dar, die als feierliche Inszenierung zum Hauptakt des Hinrichtungstheaters wurde. Hier sollte gezeigt werden, dass der innere Wandel eine deutliche Veränderung des Delinquenten bzw. der Delinquentin bewirkt hatte. Die Armen Sünder redeten nun in der Sprache ihrer Seelsorger und antworteten oftmals nur mit auswendig gelernten Bibel- und Liedtex-

---

21 Lk 23,43: „Und Jesus sprach zu ihm: Wahrlich, ich sage dir: Heute noch wirst du mit mir im Paradiese sein."

22 Woltersdorf: Der Schächer am Kreutz, Bd. 1, Vorrede.

23 Gustav Radbruch: Ars moriendi. Scharfrichter – Seelsorger – Armersünder – Volk, in: Schweizerische Zeitschrift für Strafrecht 59 (1945) S. 472.

24 Richard van Dülmen: Theater des Schreckens. Gerichtspraxis und Strafrituale in der frühen Neuzeit, München 1985, S. 81

ten.[25] Durch ihre Bekehrung erlangten sie eine Art Statuserhöhung. In der Welt hatten sie zwar ihre Ehre verloren, jedoch hatten sie durch ihre Wiedergeburt ein neues Ansehen in der Christenwelt gewonnen. Aus dem Sünder war ein Heiliger geworden. Der Arme Sünder habe zwar vor der Welt seine Schande behalten, so Woltersdorf, „wendet sich aber der Uebelthäter zu seinem Erlöser; und es gelingt uns, durch das Wort vom Kreutz sein Herz zu zerschmelzen: Wer will ihn alsdenn verfluchen? Wer will ihm die Ehre eines wahren Heiligen abstreiten? Wer will solchen Auserwählten Gottes beschuldigen? Gott ist hier, der ihn gerecht machet."[26] Diese äußerlich sichtbare, innere Verwandlung des Sünders zum Heiligen ist „das Gnadenwunder, das dem Volke präsentiert wird".[27]

Zugleich werden Hinrichtungsstätte und Galgen zur Kanzel, von welcher durch die Worte und das lebendige Exempel des Armen Sünders „die große Wahrheit noch manchen ins Herz gepredigt" worden sei: „Daß Christus Jesus kommen ist in die Welt, die Sünder selig zu machen."[28] Das Schafott wurde auf diese Weise zur Plattform religiöser Verkündigung und das Volksfest der Hinrichtung in ein Evangelisationsfest und eine erbauliche Abschiedsfeier verwandelt, wobei die abschreckende Wirkung, welche die Hinrichtung doch vor allem haben sollte, weitgehend verloren ging.[29] Aus die-

---

25   Beide Bekehrungsberichte enthalten dafür zahlreiche Beispiele. Vgl. Heinz Dieter Kittsteiner: Die Buße auf dem Schafott. Weltliches Urteil und göttliche Gnade im 18. Jahrhundert, in: Edith Saurer (Hg.): Die Religion der Geschlechter. Historische Aspekte religiöser Mentalitäten, Wien/Köln/Weimar 1995 (L'homme: Schriften, Bd. 1), S. 234.

26   Woltersdorf: Der Schächer am Kreutz, Bd. 1, S. 19. Vgl. Röm 8,33.

27   Heinz D[ieter] Kittsteiner, Die Entstehung des modernen Gewissens, Frankfurt 1995, S. 345.

28   Woltersdorf: Der Schächer am Kreutz, Bd. 1, S. 16. Vgl. 1Tim 1,15.

29   Richard von Dülmen: Theater des Schreckens, S. 84 f.; Uwe Danker: Vom Malefikanten zum Zeugen Gottes. Zum christlichen Fest der staatlichen Strafgewalt im frühen 18. Jahrhundert. In: Zeitschrift für Geschichte 1 (1995), S. 91.

sem Grund hat Friedrich II. von Preußen in mehreren Fällen die Begleitung von Geistlichen bei der Hinrichtung von Kindsmörderinnen verboten.[30]

Die Malefikantenberichte handeln von dem inneren Wandel dieser zumeist den unteren Schichten der Bevölkerung angehörenden und dementsprechend ungebildeten Delinquenten. Die einzelnen Berichte versuchen nuancenreich den Prozess aufzuzeigen, der vom brutalen Straftäter zum wiedergeborenen Christen geführt hat. Dabei werden die Grausamkeit des Verbrechens und die Gnadenhaftigkeit der Bekehrung bewusst zueinander in Spannung gesetzt. Ausführlich schildern die Pastoren ihre geistliche Arbeit an den eingekerkerten Straftätern und -täterinnen, sie beschreiben die Rückschläge und Erfolge in ihren seelsorgerlichen Bemühungen sowie die Phasen der Verstockung und Anfechtung der von ihnen betreuten Delinquenten. Sehr genau werden die Durchbruchserlebnisse der Armen Sünder nachgezeichnet, denn diese bilden den Mittelpunkt des erbaulichen Textes. Schon allein durch das Exempel der späten, aber niemals zu späten Bekehrung und Wiedergeburt bekommt der mit vielen Bibelstellen und Liedversen durchsetzte Text einen erbaulich-appellativen Charakter.

---

30   Radbruch: Ars moriendi, S. 483. Das durch Friedrich II. von Preußen in einigen Fällen erlassene Verbot der seelsorgerlichen Begleitung bei der Hinrichtung mag auch darin seinen besonderen Grund gehabt haben, dass lebensmüde Frauen – immerhin vier in der Woltersdorfschen Sammlung – zur Mörderin wurden, weil sie sich zu keiner suizidalen Handlung überwinden konnten. Als Selbstmörderin konnten sie nach gängiger Ansicht die ewige Seligkeit nicht erreichen und hätten statt in den Himmel in die Hölle fahren müssen. So wählten sie gewissermaßen einen Umweg zum ewigen Heil. Sie ermordeten ein kleines Kind, das noch als unschuldig galt und somit nach seinem Tod das ewige Leben erlangen würde, um nun nach ihrer Inhaftierung in einem ordentlichen Gerichtsverfahren noch die Möglichkeit zur Bekehrung und damit zur ewigen Seligkeit zu bekommen. Kittsteiner: Die Buße auf dem Schafott, S. 231; Radbruch: Ars moriendi, S. 492 f. ; Hellmuth Weber: Selbstmord als Mordmotiv. In: Monatsschrift für Kriminalbiologie und Strafrechtsreform 28 (1937) S. 161–181.

Wer sind die Adressaten der Malefikantenberichte? Wer waren die Rezipienten? Die Intention der Autoren war eindeutig: „Soviel Sünder, als ihnen immer möglich ist, zu seinem Kreutz heranlocken, insonderheit aber die groben Missethäter".[31] Wer die Berichte solchen Sündern und Missetätern in die Hände gebe, „der thut, was wir wünschen." Da die Berichte keine gelehrte Arbeit seien, sondern eine Schrift, die nicht zuletzt „den Ungelehrig-sten zu Gefallen" herausgegeben würde, eignete sie sich nach Woltersdorf in besonderer Weise für diese spezielle Form der seelsorgerlichen Arbeit.[32] Dass ein Bericht über die Bekehrung eines Malefikanten nun wiederum bei der Bekehrungsarbeit im Gefängnis eingesetzt wurde und damit die von den Autoren beabsichtigte Funktion zu er-füllen schien, ist dem Bericht über Christian Friederich Richter zu entnehmen. Die Prediger haben ihm „Stück vor Stück" den Bekehrungsbericht des zum Tode verur-teilten „Sodomiters" Andreas Lepsch vorgelesen, was auf ihn, wie es heißt, „so erwecklich" gewirkt haben soll, dass er sich nicht habe „satt hören" können.[33]

Für viele Rezipienten derartiger Geschichten wird al-lerdings gelten, was Kurt Tucholsky in einem Zeitungs-artikel über die Malefikantenberichte schrieb: „Was uns fesselt, ist also nicht der endlose Monolog des Geist-lichen mit einem, der schon nicht mehr zuhörte, weil er längst etwas Schlimmeres war als tot. Uns interessiert: Was haben sie getan? Wie sind sie gestorben?"[34] Auch Woltersdorf war sich durchaus bewusst, dass diese Be-

---

31 Woltersdorf: Der Schächer am Kreutz, Bd. 1, S. S. 25 f. Vgl. Rainer Lä-chele: „Maleficanten" und Pietisten auf dem Schafott. Historische Über-legungen zur Delinquentenseelsorge im 18. Jahrhundert. In: Zeitschrift für Kirchengeschichte 107 (1996), S. 197.
32 Woltersdorf: Der Schächer am Kreutz, Bd. 1, S. 26.
33 Siehe S. 29.
34 Kurt Tucholsky: „Wie sie starben … ", Frankfurter Zeitung 7. 9. 1913. In: Kurt Tucholsky, Gesamtausgabe, Bd. 1: Texte 1907–1913, hg. von Bärbel Boldt, Dirk Grathoff und Michael Hepp, Hamburg 1997, S. 260. Aus-gangspunkt seiner kritischen Betrachtungen war das Buch von Johann

kehrungsberichte auf ein durch Sensationslust geprägtes Interesse bei den Lesern treffen werden. Aber das war eben auch das Kalkül, denn er hoffte, mit seiner Sammelschrift gerade auch den an Sensationen interessierten Leser auf diese Weise – gewissermaßen subkutan – die Botschaft des Heils vermitteln zu können. „Ohne Zweifel locket sie etwa manchen neugierigen Leser, eine Zeitung vom Rabenstein zu lesen; und bringet ihm unvermerkt ein Lebenspulver bey."[35]

Pietistische Berichte über Bekehrungen von Malefikanten erschienen im Zeitraum von etwa 1720 bis 1760. Im letzten Drittel des 18. Jahrhunderts erlöscht die breite öffentliche Nachfrage nach diesem literarischen Genre. In Zeiten der sich zunehmend entfaltenden Aufklärung wurde in Frage gestellt, ob aus einem Armen Sünder in einem einmaligen Akt der Bekehrung überhaupt ein „Heiliger" werden kann.[36] Diese Zweifel werden bereits in dem Bericht über den Mörder Christian Friedrich Richter als eine abzulehnende Einstellung der Weltkinder artikuliert: „Der hats allzugrob gemacht. Sollte man einen solchen nicht je eher, je lieber von der Erde ausrotten? Was hält man ihn noch so lange auf? Dem kann Gott die Sünden nicht vergeben."[37] Woltersdorf weist in einer Anmerkung eine solche Sichtweise von sich, indem er hervorhebt, „dass sie ihn darum hasseten, weil er ein Jünger Jesu ward."[38]

Jacob Moser: „Seelige letzte Stunden, 31 Personen, so unter des Scharfrichters Hand gestorben".

35 Woltersdorf: Der Schächer am Kreutz, Bd. 1, S. 25.

36 Kittsteiner: Die Buße auf dem Schafott, S. 222; ders: Die Entstehung des modernen Gewissens, S. 354: Kittsteiner zitiert aus Immanuel Kants Schrift zur Pädagogik (AA, Bd. IX, S. 488): „Denn ein Mensch, der immer lasterhaft gelebt hat und in einem Augenblicke bekehrt werden will, kann unmöglich dahin gelangen, indem doch nicht sogleich ein Wunder geschehen kann, daß er auf einmal das werde, was jener ist, der sein ganzes Leben gut angewandt und immer rechtschaffen gedacht hat."

37 Siehe S. 22.

38 Siehe S. 23.

Die Kritik an der Bekehrungspraxis der Pietisten und an der ostentativen Präsentation ihres jeweils erfolgreichen Bekehrungswerks[39] auf dem Schafott wurde in der zweiten Hälfte des 18. Jahrhunderts immer vernehmbarer. In der von Gotthilf Samuel Steinbart 1769 in Berlin anonym herausgegebenen Schrift „Ist es rathsam Missethäter durch Geistliche zum Tode vorbereiten und zur Hinrichtung begleiten zu lassen?" wird kritisiert, dass nun „die Erzbösewichter" den übrigen Christen als vorbildhafte Exempel vorgehalten würden.[40] Eine solche, tugendhaft-moralische Werte konterkarierende Einstellung wird für die Aufklärer zum Ärgernis. „Für die Pietisten leuchtet über der Hinrichtungsstätte noch einmal Gottes Gnade in ihrer ganzen Kraft", so Kittsteiner. „Für die Aufklärer dagegen gehen Delinquent und Prediger eine unheilige Allianz ein – es ist die Allianz des blinden frommen Eifers und des gewöhnlichen Aberglaubens gegen die Beförderung der wahren Moralität."[41]

---

39 Gescheiterte Bekehrungsversuche an Delinquenten wurden selbstverständlich nicht publiziert, weil solche der Intention der pietistischen Autoren entgegen gestanden hätten.
40 Kittsteiner: Die Buße auf dem Schafott, S. 238.
41 Ebd., S. 243.

Literatur

Als Die Seelige Himmels=Braut / Die Edle und Tugendgläntzende Jungfer Dorothea Margaretha [...] Von Jhrem Hertzgeliebten Seelen=Bräutigam JESU CHRISTO /zu der Himmlischen Hochzeits= Freude/Von dieser schnöden Welt am 18. Febr. abgefodert/und der Seelen nach heimgeholet worden, Berlin 1679.

Andresen, Carl: Altchristliche Kritik am Tanz – ein Ausschnitt aus dem Kampf der Alten Kirche gegen heidnische Sitte. In: Zeitschrift für Kirchengeschichte 72 (1961), S. 217–262.

Angelus Silesius: Heilige Seelenlust, Reprint der fünfteiligen Ausgabe Breslau 1668, hg. von Michael Fischer und Dominik Fugger, Kassel u. a. 2004.

Ders.: Sämtliche poetische Werke in drei Bänden. Hg. und eingeleitet von Hans Ludwig Held, 3 Bde., München 1949–1952.

Arnold, Gottfried: Sämtliche geistliche Lieder, hg. von K. C. E. Ehmann, Stuttgart 1856.

Auserlesene Geistreiche Lieder zur öffentlichen und Besonderen Erbauung aller Gottseligen Gemuether, Cöthen 1733.

Bayer, Karl: Nota bene! Das lateinische Zitatenlexikon, Düsseldorf ³1999 (Nachdruck Düsseldorf 2003).

Becker, Sven: Die Spruchtätigkeit der Juristischen Fakultät Rostock zwischen dem Sommersemester 1701 und dem Wintersemester 1721/22, Aachen 2003.

Bogatzky, Karl Heinrich von: Köstlicher Brautschmuck einer gläubigen Seele, [Halle 1735].

Böhme, Jakob: Aurora oder Morgenröthe im Aufgang, in: Jakob Böhme, Sämmtliche Werke, Bd. 1, hg. von Karl Wilhelm Schiebler, Leipzig 1832.

Böhme, Franz M.: Geschichte des Tanzes in Deutschland. I. Darstellender Theil, Leipzig 1886.

Brehme, Johann Adam: Geistliche Betrachtungen und Reden bey zum Tode verurteilten Maleficanten, Jena 1752.

Bunners, Christian (Hg.): Lieder des Pietismus aus dem 17. und 18. Jahrhundert, Leipzig 2003 (Kleine Texte des Pietismus 6).

Cleß, Wilhelm Jeremias Jacob: Sicherer und getreuer/Wegweiser/für/ arme Maleficanten / in den Gefängnissen / Begreifend / 1. Einen schrifftmäßigen Unterricht von Busse, Glauben und seeligem Sterben / 2. Erweckliche Gebete auf allerhand Umstände. /3. Erbauliche Exempel wolbereiteter Maleficanten, Stuttgart 1753.

Danker, Uwe: Vom Malefikanten zum Zeugen Gottes. Zum christlichen Fest der staatlichen Strafgewalt im frühen 18. Jahrhundert, in: Zeitschrift für Geschichte 1 (1995), S. 83–97.

Das Gnadenwerk Gottes in Bekehrung einer Kindermörderin Anna Elis. Schultzin, o. O. 1747.

Dülmen, Richard van: Theater des Schreckens. Gerichtspraxis und Strafrituale in der frühen Neuzeit, München 1985.

Eiselein, Josua: Die Sprichwörter und Sinnreden des deutschen Volkes in alter und neuer Zeit, Freiburg 1840 (Nachdruck Leipzig 1980).

Erdmann. David: Art. Woltersdorf, Ernst Gottlieb, in: ADB 44 (1898), S. 174–184.

Evans, Richard J.: Rituale der Vergeltung. Die Todesstrafe in der deutschen Geschichte von 1532–1987, Berlin 2001.

Faber, Alexander: Die Faber'sche Buchdruckerei. Eine Skizze, Magdeburg 1897.

Fischer, Albert: Das deutsche evangelische Kirchenlied des 17. Jahrhunderts. Nach dessen Tod vollendet und herausgegeben von Wilhelm Tümpel, 6 Bde., Gütersloh 1904–1916 (Reprograf. Nachdruck, Hildesheim 1964).

Francke, August Hermann: Von dem rechtschaffenen Wachsthum des Glaubens. In: Ders., Predigten I, hg. von Erhard Peschke, Berlin 1987 (Texte zur Geschichte des Pietismus: Abt. 2, Schriften und Predigten 9).

Freylinghausen, Johann Anastasius: Die Ordnung des Heils: Nebst einem Verzeichniß der wichtigsten Kern-Sprüche H. Schrift, Halle 1705.

Ders.: Geist=reiches Gesang=Buch, den Kern alter und neuer Lieder in sich haltend: Jetzo von neuen so eingerichtet, Daß alle Gesänge, so in den vorhin unter diesen Namen alhier herausgekommenen Gesang-Büchern befindlich, unter ihre Rubriquen zusammengebracht, auch die Noten aller alten und neuen Melodeyen beygefüget worden, und mit einem Vorbericht herausgegeben/von Gotthilf August Francke, Teil 2, Halle 1741.

Ders.: Geist=reiches Gesang=Buch (Halle, vierte Ausgabe 1708/ 1714): Edition und Kommentar, hg. von Dianne Marie McMullen und Wolfgang Miersemann. 2 Bde., Tübingen 2004–2010.

Geistl. Gesang-Buch, Vorstellend Einen guten Vorrath von alten und neuen Erbaulichen Liedern, zu Beförd. Christl. And. [...] besonders in denen Schulen und Kirchen der Gräfl. Reuß-Plauischen Herrschaft Lobenstein und Ebersdorf, Schleitz 1723.

Geschichte der Universität Rostock 1419–1969. Festschrift zur Fünfhundertfünfzig-Jahr-Feier der Universität, Rostock 1969.

Geyer, Hermann: Verborgene Weisheit. Johann Arndts „Vier Bücher vom Wahren Christentum" als Programm einer spiritualistisch–hermetischen Theologie, Bd. 1, Berlin/New York 2001.

Giffey, Johannes: Ernst Gottlieb Woltersdorf. Ein evangelischer Sänger und Seelsorger in seinem Werk und Lied, Barmen (1925).

Grimm, Jacob und Wilhelm (Hg.): Deutsches Wörterbuch, 16 Bde., in 32 Teilbänden, Leipzig 1854–1960.

Hähn, Johann Friedrich: Die guten Wirckungen des Kranken-Bettes bey dem merckwürdigen Ende einiger Sterbenden, 2. Aufl., Berlin 1755/56.

Ders., Die guten Wirckungen des Kranken-Bettes mit einem abermaligen merckwürdigen Exempel erwiesen, Berlin 1760.

Harding, Ann: An Investigation into the Use and Meaning of Medieval German Dancing Terms, Göppingen 1973.

Harsdörffer, Georg Philipp: Der Große Schauplatz Lust- und Lehrreicher Gedichte, 2. Bd., 7. Teil, Frankfurt / Hamburg 1667.

Henckel, Erdmann Heinrich Graf: Die letzten Stunden einiger Der evangelischen Lehre zugethanen Personen und in diesem und nechst verflossenen Jahren selig in dem Herrn Verstorbenen Persohnen, Von unterschiedenem Stande, Geschlecht und Alter, 4 Tle., Halle 1720–33.

Kittsteiner, Heinz Dieter: Die Entstehung des modernen Gewissens, Frankfurt/M. 1995.

Ders.: Die Buße auf dem Schafott. Weltliches Urteil und göttliche Gnade im 18. Jahrhundert. In: Edith Saurer (Hg.), Die Religion der Geschlechter. Historische Aspekte religiöser Mentalitäten, Wien/Köln/Weimar 1995 (L'homme: Schriften 1), S. 213–243.

Kobuch, Agatha: Zensur und Aufklärung in Kursachsen. Ideologische Strömungen und politische Meinungen zur Zeit der sächsisch-polnischen Union (1697–1763), Weimar 1988.

Koch, Eduard Emil: Geschichte des Kirchenlieds und Kirchengesangs der christlichen, insbesondere der deutschen evangelischen Kirche, 8 Bde., 3. Aufl., Stuttgart 1866–1877.

Köbler, Gerhard: Historisches Lexikon der deutschen Länder. Die deutsche Territorien und reichsunmittelbaren Geschlechter vom Mittelalter bis zur Gegenwart, 6. Aufl., München 1999.

Ders.: Historisches Lexikon der deutschen Länder. Die deutschen Territorien vom Mittelalter bis zur Gegenwart, 7. Auf., München 2007.

Krünitz, Johann Georg: Oekonomische Encyklopädie, Th. 1–242, Berlin 1773–1858.

Kümmelmann, Matthias Michael: Kräfftige Irrthümer Derer Freigeister, Epicurer, Heuchler, wie auch einiger schwacher Gemüther, unserer Zeit, Jena (1748).

Kurze Nachricht von dem Gnadenwerk Gottes in Bekehrung einer

Kindermörderin Anna Maria Renner, aufgesetzt von J. H. P., Greitz 1752.

Langen, August: Der Wortschatz des deutschen Pietismus, 2. Auflage, Tübingen 1968.

Lächele, Rainer: „Maleficanten" und Pietisten auf dem Schafott. Historische Überlegungen zur Delinquentenseelsorge im 18. Jahrhundert. In: Zeitschrift für Kirchengeschichte 107 (1996), S. 179–200.

Ders.: Die „Sammlung auserlesener Materien zum Bau des Reichs Gottes" zwischen 1730 und 1760), Tübingen 2006 (Hallesche Forschungen 18).

Luther, Martin: Predigten über das 2. Buch Mose. 1524–1527. Kap. 19/20. Unterrichtung, wie sich die Christen in Mosen sollen schikken [27. August 1525] Nr. 29, in: D. Martin Luthers Werke. Kritische Gesamtausgabe. 10. Bd., Dritte Abteilung, Weimar 1899, S. 363–394.

Ders.: Predigt am 6. Sonntag nach Trinitatis [27. Juni 1522], Nr. 41, in: D. Martin Luthers Werke. Kritische Gesamtausgabe. 10. Bd., Dritte Abteilung, Weimar 1905, S. 242–256.

Mackensen, Lutz: Zitate – Redensarten – Sprichwörter, Stuttgart 1981.

Marche, Richard Albert Lecoy de la (ed.) : La chaire française au Moyen Age, Paris 1886.

Martschukat, Jürgen: Inszeniertes Töten. Eine Geschichte der Todesstrafe vom 17. bis 19. Jahrhundert, Köln 2000.

Meusel, Johann Georg: Lexikon der vom Jahr 1750 bis 1800 verstorbenen teutschen Schriftsteller, Siebenter Band, Leipzig 1808.

Mohr, Hans: Predigt in der Zeit, Göttingen 1973.

(Moser, Johann Jacob): Selige Letzte Stunden Einiger dem zeitlichen Tode übergebener Missethäter, 1. Aufl. [Ebersdorf] 1740, 2. Aufl. Jena 1742.

Ders.: Seelige letzte Stunden, 31 Personen, so unter des Scharfrichters Hand gestorben: Vor der Welt, als Kindes- und andere Mörder, Duellanten, Jauner, Diebe, Mordbrenner, Viehisch-Unzüchtige, und Militar-Verbrechere; vor Gott aber, als in dem Blute Jesu gerechtfertigt und abgewaschene, oder doch gnadenhungrige Seelen, Stuttgart, Frankfurt und Leipzig 1753.

Müller, Joseph Theodor: Hymnologisches Handbuch zum Gebrauch der Brüdergemeine, Herrnhut 1916.

Oetinger, Friedrich Christoph: Genealogie der reellen Gedancken eines Gottes-Gelehrten. Eine Selbstbiographie, hg. von Dieter Ising, Leipzig 2010 (Edition Pietismustexte 1).

Otto, Gottlieb Friedrich: Etwas zum Andenken des verstorbenen

Herrn Pastor Reichels in Neukirch. In: Lausizische Monatsschrift, Erster Theil, Görlitz 1795, S. 38–44.

Ovids Heilmittel der Liebe. Berichtigt, übersetzt und erklärt von Heinrich Lindemann, Leipzig 1861.

Peschke, Erhard: Der Pietismus in Dargun. In: Pietismus und Neuzeit 1 (1974), S. 82–99.

Praxis Pietatis Melica, hg. von Johann Crüger, Berlin 1690.

Radbruch, Gustav: Ars moriendi. Scharfrichter – Seelsorger – Armersünder – Volk. In: Schweizerische Zeitschrift für Strafrecht 59 (1945), S. 460–495.

Reich Christa: Jerusalem, du hochgebaute Stadt. Das große Lied von Johann Matthäus Meyfart (EG 150). In: Dorothea Monninger, Christa Reich (Hg.): Gott in der Stadt; Eschatologie im Kirchenlied, Hannover 2004 (GAGF 18), S. 40–51.

Reichel, Gerhard: Die Anfänge Herrnhuts. Ein Buch vom Werden der Brüdergemeine, Herrnhut 1922.

Reitz, Johann Henrich: Der geöffnete Himmel [...] Zur Prüfung seiner selbsten [...] Tilgung der Lüsten [...] und zu Entdeckung der listigen Schalckheit und Tieffen des Satans, Wetzlar 1796, 2. verb. Aufl., Wetzlar 1705.

Ders.: Historie Der Wiedergebohrnen, III,15. Zuerst [Offenbach] 1701.Vollst. Ausg. der Erstdrucke, hg. v. Hans-Jürgen Schrader, Teil III, Tübingen 1982 (Deutsche Neudrucke. Barock 29), Bd.1.

Reuter, Peter: Medizinisches Wörterbuch, Heidelberg 2006.

Rürup, Reinhard: Johann Jakob Moser, Pietismus und Reform, Wiesbaden 1965.

Schrader, Hans-Jürgen: Literaturproduktion und Büchermarkt des radikalen Pietismus. Johann Heinrich Reitz' „Historie Der Wiedergebohrnen" und ihr geschichtlicher Kontext, Göttingen 1989 (Palaestra 283).

Ders.: Madame Guyon, Pietismus und deutschsprachige Literatur. In: Hartmut Lehmann [u.a.] (Hg.): Jansenismus, Quietismus, Pietismus, Göttingen 2002 (Arbeiten zur Geschichte des Pietismus 42), S. 189–225.

Ders.: Johann Friedrich Haugs radikalpietistischer Studenten=Gesang als „Anweisung zur Seligkeit in allen Facultäten": In: Literatur und Theologie im 18. Jahrhundert. Konfrontationen – Kontroversen – Konkurrenzen, hg. von Hans-Edwin Friedrich, Wilhelm Haefs u. Christian Soboth. Berlin, New York (Hallesche Beiträge zur Europäischen Aufklärung 41), S. 139–160.

Ders.: Die Sprache Canaan, Auftrag der Forschung. In: Udo Sträter [u. a.] (Hg.): Interdisziplinäre Pietismusforschungen, Bd. 1, Tübingen 2005, S. 55–81.

Ders., Die Literatur im Pietismus – Pietistische Impulse zur Literaturgeschichte. Ein Überblick. In: Hartmut Lehmann (Hg.), Geschichte des Pietismus, Bd. 4: Glaubenswelt und Lebenswelten, Göttingen 2004, S. 386–403.

Spener, Philipp Jakob: Predigt über 1Kor 6,19. In: Ders.: Predigten über des seeligen Johann Arnds Geistreiche Bücher Vom wahren Christenthum, Teil III, Frankfurt/M. 1711.

Ders.: Pia Desideria, hg. von Kurt Aland, 3. durchges. Auflage, Berlin 1964 (Kleine Texte für Vorlesungen und Übungen 170).

Stanitzek, Georg: Blödigkeit. Beschreibungen des Individuums im 18. Jahrhundert, Tübingen 1989.

Steinberg, Hermann: Johann Andreas Rothe. Pfarrer in Berthelsdorf 1722–1737, Herrnhut 1922 (Lebensbilder aus der Brüdergemeine 3).

Stimmen aus Zion, oder: Erbauliche Lieder zur Verherrlichung Gottes und Erbauung vieler Seelen vermehrt herausgegeben, Erster Theil. Neuer unveränderter Abdruck. Aurich 1862.

Stolzenburg, W[ilhelm] A[lbrecht] H[einrich]: Geschichte des Bunzlauer Waisenhauses, Breslau 1854.

Strom, Jonathan: Conversion, confessionalization and pietism in Dargun. In: Fred van Lieburg (Hg.): Confession and Pietism. Religious Reform in Early Modern Europe, Mainz 2006, S. 149–168.

Tersteegen, Gerhard: Geistliches Blumengärtlein inniger Seelen, oder: Kurze Schlußreimen, Betrachtungen und Lieder über allerhand Wahrheiten des inwendigen Christenthums, zur Erweckung, Stärkung und Erquickung in dem verborgenen Leben mit Christo in Gott, 12. Aufl., Frankfurt /Leipzig ²1818.

Teufel, Eberhard: Johann Andreas Rothe 1638–1758. Ein Beitrag zur Kirchengeschichte der sächsischen Oberlausitz im 18. Jahrhundert. In: Beiträge zur sächsischen Kirchengeschichte 30 (1917) S. 1–69 und 31 (1918), S. 1–111.

THEOSOPHIA PNEUMATICA: oder Geheime GOttes=Lehre, [Hg. v. Johann Friedrich Haug], [Idstein] 1710.

Thüringer Pfarrerbuch, Bd. 3: Großherzogtum Sachsen (–Weimar–Eisenach) – Landesteil Eisenach, hg. von der Gesellschaft für Thüringische Kirchengeschichte, bearb. von Bernhard Möller u.a., Neustadt an der Aisch 2000.

Tucholsky, Kurt: „Wie sie starben … ", Frankfurter Zeitung 7.9.1913. In: Kurt Tucholsky, Gesamtausgabe, Bd. 1: Texte 1907–1913, hg. von Bärbel Boldt, Dirk Grathoff und Michael Hepp, Hamburg 1997, S. 259–263.

Ulbricht, Otto: Kindsmord und Aufklärung in Deutschland, München 1990.

Wagner, Eduard: Hieb- und Stichwaffen, 3. Aufl., Prag 1975.

Wander, Karl Friedrich Wilhelm (Hg.): Deutsches Sprichwörter-Lexikon. Ein Hausschatz für das deutsche Volk. 5 Bde., Leipzig 1867–1880 (Neudruck Augsburg 1987).

Weber, Hellmuth: Selbstmord als Mordmotiv. In: Monatsschrift für Kriminalbiologie und Strafrechtsreform 28 (1937) S. 161–181.

Willgeroth, Gustav: Die Mecklenburg-Schwerinschen Pfarren seit dem dreißigjährigen Kriege, Bd. 1, Wismar 1924.

Windhorst, Christof: Theologie mit Herz bei Martin Luther und Herzensfrömmigkeit im Pietismus. In: Wort und Dienst. Jahrbuch der Kirchlichen Hochschule Bethel, 28, 2005, 157–181.

Windhorst, Christof: Von der Wollust zur Gottseligkeit. Katechetische Gemeindearbeit des pietistischen Pfarrers Christoph Matthäus Seidel zu Beginn des 18 Jahrhunderts. In: Zeitumstände: Bildung und Mission. Festschrift für Jörg Ohlemacher zum 65. Geburtstag. Hg. v. Michael Herbst, Roland Rosenstock und Frank Bothe (Greifswalder theologische Forschungen, Bd. 16), Frankfurt a. M. 2009, 45–70.

Woltersdorf, Ernst Gottlieb (Hg): Der Schächer am Kreutz. Das ist, Vollständige Nachrichten von der Bekehrung und seligem Ende hingerichteter Missethäter, Bd. 1, Budißin (Bautzen) und Görlitz [2]1761 (1. Aufl. 1753).

Zedler, Johann Heinrich: Großes vollständiges Universal-Lexicon Aller Wissenschaften und Künste, Leipzig und Halle 1732–1754.

Abkürzungen

BBKL — Biographisch-bibliographisches Kirchenlexikon, hg. von F. W. Bautz, Bd. 1 ff., Hamm 1975 ff.

Deutsches Wörterbuch — Jacob Grimm und Wilhelm Grimm (Hg.): Deutsches Wörterbuch, 32 Bde.

EG — Evangelisches Gesangbuch (ab 1993).

EKG — Evangelisches Kirchengesangbuch (ab 1950).

Freylinghausen, Gesangbuch — Geist=reiches Gesang=Buch (Halle, vierte Ausgabe 1708/1714): Edition und Kommentar, hg. von Dianne Marie McMullen und Wolfgang Miersemann. 2 Bde., Tübingen 2004–2010.

GAGF — Gemeinsame Arbeitsstelle für gottesdienstliche Fragen der EKD.

KTP — Kleine Texte des Pietismus.

Langen — August Langen: Der Wortschatz des deutschen Pietismus, 2. Auflage, Tübingen 1968.

RGG[4] — Religion in Geschichte und Gegenwart, 4. Aufl., Tübingen 1998–2007

WA — D. Martin Luthers Werke. Kritische Gesamtausgabe, Weimar 1883 ff.

Editorische Notiz

Druckvorlage

Die Edition der zwei Malefikantenberichte „Bekehrung
und herrliches Ende Christian Friederich Ritters" und
„Wie der Heiland das Verlohrne suche, finde, und selig
mache, an dem erbaulichen Exempel Annen Marthen
Hungerlandin" basiert auf den Texten, die im Sammelband „Der Schächer am Kreutz. Das ist, Vollständige
Nachrichten von der Bekehrung und seligem Ende hingerichteter Missethäter", Bd. 1, 5. Stück, Exempel 8 und 7.
Stück, Exempel 11, hrsg. von Ernst Gottlieb Woltersdorf,
Budißin (Bautzen) und Görlitz ²1761 enthalten sind. Die
erste Auflage dieser Schrift ist aus dem Jahr 1753.

Textgestalt

Der edierte Text entspricht hinsichtlich seiner Ortho-
graphie der Vorlage. Auch offensichtliche Druckfehler
wie beispielsweise „verlohner" statt „verlohrner" oder
„Gafangenen" statt „Gefangenen" wurden beibehalten,
aber in den Fußnoten angemerkt. Nur fett gedruckte
Wörter wurden nicht hervorgehoben, sondern in der
Grundschrift wiedergegeben. Die Seitenzählung der
Druckvorlage ist jeweils in eckigen Klammern eingefügt.

Die Abbildung auf dem Bucheinband sowie die Kup-
ferstiche auf S. 5 und auf S. 61 sind folgenden Büchern
entnommen:

Tyge Krogh, Oplysningstiden og det magiske. Henrettelser og kor-
porlige straffe i 1700-tallets foerste halvdel, Kopenhagen 2000.

Andreas Schmid, Das Uber vier Malefitz=Personen ergangene Ju-
stitz=Rad: Als über I. Leopold Fixeln, II. Christoph Kranichfelden,

III. Abraham Hoffmann, Und IV. Anna Sophia Wanckin: Die alle viere Allhier vor Berlin Anno 1725. D. 21. Febr. damit vom Leben zum Tode gebracht worden, Berlin [1725]. (Staats- und Universitätsbibliothek Göttingen: 8 J CRIM II, 8373 [3])

Selige Letzte Stunden Einiger dem zeitlichen Tode übergebener Missethäter, Mit einer Vorrede 1. Von der Möglichkeit der wahren Bekehrung und des seligen Endes solcher Personen. 2. Von der Mittel= Strasse in Beurtheilung einer solchen Bekehrung. 3. Von der rechten Art, mit solchen Leuten umzugehen, und 4. Von dem rechten Gebrauch dieser Sammlung. [1. Aufl.: Ebersdorf 1740]. Zu mehrerm Nutzen anderweit gedruckt. – JENA 1742. (Universitäts- und Landesbibliothek Düsseldorf angeb. 2 in: Ev.G. 1746).

Dank

Für die Hilfe bei der Transkription der Texte und bei den bibliographischen Recherchen danke ich meinen derzeitigen und ehemaligen hilfswissenschaftlichen Mitarbeitern Stefan Droste, Melanie Langfeldt, Sven Petersen und Christan Spieß.

Mein besonders herzlicher Dank gilt dem verantwortlichen Redakteur für diesen Band, Prof. Dr. Hans-Jürgen Schrader (Genf), der die Edition mit weiterführenden Hinweisen und wertvollen Ratschlägen redaktionell begleitet hat. Zu danken habe ich auch den Mitherausgebern dieser Reihe, Dozent i. R. Günter Balders (Berlin), dessen große Kenntnis der Kirchenlieder mir hilfreich war, sowie Dr. Dieter Ising (Stuttgart) und Superintendent i. R. Dr. Christof Windhorst (Löhne).

Karl Weihe

Was ist Pietismus

Das Leben des Pfarrers
Hartog

*Edition Pietismustexte,
Band 2*

152 Seiten, Paperback
ISBN 978-3-374-02798-9
EUR 18,80 [D]

Gottreich Ehrenhold Hartog (1738–1816) war in der
Zeit des Übergangs vom Pietismus zur Erweckungsbewegung Pfarrer im westfälischen Herford (1769–
1814). Bei ihm verbanden sich lutherisch geprägte
Lehre, pietistische Frömmigkeit und ein ausgepräg-
ter Sinn für die praktische Lebensbewältigung in
der Orientierung am biblischen Wort. So stellt sein
hochgebildeter Freund, Pastor Karl Weihe, ihn als
engagierten Seelsorger sowie erfolgreichen Prediger
dar und schildert den Lebensstil eines Stadtpfarrers
um 1800, der „wohl oft als Pietist bezeichnet worden"
ist. Aus diesem Grund stellt Weihe seiner „Lebens-
beschreibung und Charakterschilderung" Hartogs
sieben Kapitel „über Pietismus" voran.

Diese Ausgabe bietet einen ausgezeichneten kommen-
tierten Text zu einem spannenden Abschnitt westfäli-
scher Kirchengeschichte aus der Erweckungszeit.

EVANGELISCHE VERLAGSANSTALT
Leipzig

www.eva-leipzig.de

Friedrich Christoph Oetinger

Genealogie der reellen Gedancken eines Gottes-Gelehrten

Eine Selbstbiographie

Edition Pietismustexte, Band 1

264 Seiten, Paperback
ISBN 978-3-374-02797-2
EUR 34,00 [D]

Die aus der Handschrift neu edierte Autobiographie des württembergischen Theologen Friedrich Christoph Oetinger (1702–1782) zeigt, wie er – von seinen Zeitgenossen oft missverstanden – auf das Verständnis künftiger Generationen hofft. Das geschieht ohne Pathos. Aber Betroffenheit spürt man, etwa wenn es um seine Kritik an der Philosophie und Theologie der Aufklärung geht, um das Verhältnis zum radikalen Pietismus, um seine alchemistischen Versuche, die Stellung zu Swedenborg und Oetingers freundschaftliche, aber höchst konträre Begegnungen mit Zinzendorf. Oetingers zentrale Erkenntnis ist: Die von Gott geschaffene Natur dient als Verstehenshilfe für die Heilige Schrift. Wer in beiden lese, komme zu einem Gesamtsystem der Wahrheit, der „Heiligen Philosophie". Ergänzt wird die Edition durch einen Überblick zur Druckgeschichte des Werkes.

EVANGELISCHE VERLAGSANSTALT
Leipzig

Kunigund macht warm von unt'

Bauernregeln vom Wetter
aus zwei Jahrtausenden

Herausgegeben von
Thomas Maess

Mit farbigen
Illustrationen von
Christiane Knorr

176 Seiten | Hardcover
ISBN 978-3-374-02904-4
EUR 12,80 [D]

In den vergangenen Jahrhunderten war das Leben
viel unmittelbarer als heute von der Natur und
ihrem Wachstum und damit vom Wetter abhängig.
Weil es keine zuverlässigen meteorologischen
Vorhersagen gab, stellte man sich Prognosen nach
den christlichen Feiertagen, nach Wochentagen,
Monatsnamen oder Jahreszeiten zusammen. Dabei
flossen Glaube und Aberglaube, Erfahrungen und
Beobachtungen des Wetters in den sog. Bauernregeln zusammen, die Thomas Maess sogfältig
gesammelt und auf das Schönste zusammengestellt
hat. Sie ermöglichen uns Einblicke in das Leben
damals und ergänzen unser Wissen über Sorgen,
Ängste, Träume und Hoffnungen unserer Ahnen.

EVANGELISCHE VERLAGSANSTALT
Leipzig

www.eva-leipzig.de